Gisela Preuschoff

Kraft tanken – Energiequellen für gestresste Mütter

Gisela Preuschoff

Kraft tanken – Energiequellen für gestresste Mütter

Mit Fotografien von Thomas Linkel

beustverlag

Die Deutsche Bibliothek – Cip-Einheitsaufnahme

Preuschoff, Gisela:
Kraft tanken – Energiequellen für gestresste Mütter –
München : Beust, 2002
  (KidsWorld)
  ISBN 3-89530-086-1

1. Auflage 2002

Copyright © 2002
beustverlag, Fraunhoferstr. 13, 80469 München
www.beustverlag.de
Alle Rechte vorbehalten. Reproduktionen, Speicherung in Datenverarbeitungsanlagen, Wiedergabe auf elektronischen, fotomechanischen oder ähnlichen Wegen, Funk und Vortrag – auch auszugsweise – nur mit Genehmigung des Copyrightinhabers.

FOTOGRAFIE: Thomas Linkel
LEKTORAT: Jürgen Bolz, Friedberg
LAYOUTDESIGN, SATZ UND PRODUKTION: SatzDesign Yvonne Heizinger, München
UMSCHLAGDESIGN: Julianna Previcz, München
DRUCK: Ebner & Spiegel, Ulm

ISBN 3-89530-086-1

Printed in Germany

Inhalt

Vorwort	6
Einleitung	8

01 Orte der Kraft – innen und außen ... 13

Persönliche Kraftorte	14
Hier und jetzt sein	18
Entspannung durch Bewegung	22
Kann man Kraft auch essen?	25

02 Allein mit sich selbst ... 29

Mit sich selbst ins Reine kommen	30
Auszeiten	47
Meditation	54
Lesen beflügelt die Phantasie	63
Schreiben erleichtert die Seele	65
Farben beleben	67
Bilder, die stark machen	70
Schutzräume und Schutzschilde	73
Natur als Kraftquelle	76

03 Zusammen mit dem Partner ... 95

Gemeinsam heißt nicht immer »zu zweit«	96
Gemeinschaft pflegen	97
Das Notfallprogramm	98
Entspannungsübungen zu zweit	99
Die kleinen Gesten der Liebe	101
Partnermassage	104

04 Allein oder in Gemeinschaft ... 107

Geselligkeit mit Kindern	108
Sport	109
Musik	110
Gebete	113
Werde Gärtner!	116
Rituale	118

05 100 Ideen, die fast nichts kosten und Freude machen ... 123

06 Tue nichts – und alles ist getan ... 141

07 Das ABC der Entspannung ... 145

Anhang	155
Register	157

Vorwort

»Wie schaffst du das?«, wurde ich früher, als meine Kinder noch klein waren, häufig gefragt. »Ich schaffe es gar nicht; ich lasse liegen«, antwortete ich ab einem bestimmten Zeitpunkt stereotyp. Auch heute, vielleicht sogar mehr als je zuvor, kostet es viel Anstrengung, Kinder zu betreuen, zu fördern und zu unterrichten. Im Zusammenleben mit Kindern gibt es viele Faktoren, die uns Kräfte rauben. Ihre Lebendigkeit, ihre Willenskraft und das Aufeinanderprallen mit Institutionen wie Kindergarten und Schule sind anstrengend und kraftraubend. Wenn die Nerven blank liegen, schreien wir unsere Kinder an, schimpfen und nörgeln. Nicht selten »rutscht Eltern die Hand aus«. Jeder, der das erlebt hat, weiß, dass das Verhalten, das uns da so auf die Palme gebracht hat, nicht der eigentliche Grund war. An einem Tag voller Energie können wir ganz anders mit solch einer Situation umgehen! Aber wenn wir angespannt, überarbeitet oder gestresst sind, sind wir »außer uns«, eigentlich gar nicht mehr wir selbst. »Zu sich kommen« heißt, die eigene Mitte wieder zu finden, mit sich im Gleichgewicht zu sein, Kraft für die täglichen Aufgaben zu haben. Das kann man lernen. Ja - das können wir sogar von unseren kleinen Kindern lernen.

Es ist sicherlich wichtig zu wissen, wie sich Kinder entwickeln, was sie wann können müssen und wie wir sinnvoll mit ihnen reden. Die Qualität des Zusammenlebens wird jedoch vor allem durch unser eigenes Wohlbefinden bestimmt. Glückliche Kinder haben glückliche Eltern – und umgekehrt. Und Glück hat weniger mit materiellen Dingen als vielmehr mit unserer geistigen und seelischen Verfassung zu tun. Wenn wir uns kraftvoll und mit uns selbst im Einklang fühlen, gelingen unsere Aufgaben mühelos.

Doch woher nehmen die Menschen, die mit Kindern zu tun haben, ihre Kraft? Auf welche Weise schaffen sie es, im

Alltag immer wieder Energie zu tanken, sich zu entspannen und sich wohl zu fühlen?

Die Kunst, ein Fels in der Brandung zu sein und die gestellten Aufgaben aus einer Position der Stärke zu bewältigen, kann aus vielen Quellen gespeist werden. Genau darum geht es in diesem Buch – um Kraftquellen, die jeder entdecken und für sich nutzen kann.

Haben Sie auch schon einmal die Erfahrung gemacht, dass es Sätze gibt, die Ihnen Kraft rauben und solche, die Sie stärken?

Haben Sie jemals erlebt, wie ein Raum sie völlig durcheinander brachte? Und kennen Sie das Gefühl, in einem anderen Raum gesammelt und getragen zu sein?

Ist es Ihnen auch schon passiert, dass bestimmte innere Bilder und Vorstellungen Sie in Panik versetzt haben, andere Bilder und Vorstellungen Ihnen jedoch Mut und Zuversicht vermittelt haben?

Die meisten solcher Kraftquellen liegen in unserem Inneren.

Natürlich tut es uns gut, in Urlaub zu fahren oder uns einige Stunden »kinderfrei« zu nehmen. Doch nützt der schönste Südseestrand nichts, wenn wir nicht auch lernen, *innerlich* loszulassen und uns zu entspannen.

Ich habe ich in diesem Buch für Sie zusammengetragen, was ich über erfrischende Kräfte erfahren habe, was ich selbst ausprobiert und vermittelt habe: Wenn unsere Kraft nachlässt, ist das kein Grund zur Resignation. Wir können nachtanken – wir müssen nur wissen, wie und wo! Das vorliegende Buch gibt leicht nachvollziehbare und praxiserprobte Anregungen und nennt Übungen, die Ihnen dabei helfen. Es führt Sie zu Orten der Kraft, zu Stätten der Stille und zu Bildern voller Energie. Damit jeder Tag aufs Neue gelingt, unabhängig davon, wie heftig das Chaos um Sie herum tobt!

Gisela Preuschoff

Einleitung

Mein Mann hat mir einmal folgende Geschichte erzählt:

Ein Fremder kam auf seiner Reise an einen Ort und sah Männer, die bei der Arbeit waren. Er sprach einen der Handwerker an: »Was tust du da?« »Ich behaue einen Stein«, antwortete der Handwerker, sah kurz auf und fuhr mit seiner Arbeit fort. Darauf fragte der Fremde einen zweiten Handwerker, der daneben saß. Dieser fing sofort an zu jammern und zu schreien: »Ich habe eine kranke Frau zu Hause und acht Kinder. Das dritte hat gerade die Kleider zerrissen, das älteste müsste zur Schule gehen, und das jüngste hat eine eitrige Wunde. Ich arbeite hier, aber das Geld reicht hinten und vorne nicht!« Das Wehklagen noch im Ohr, ging der Fremde weiter und fragte den nächsten Handwerker nach seiner Tätigkeit. »Wenn ich den Meißel so ansetze, ergibt sich eine gerade Kante, und schlage ich dann noch einmal so, habe ich einen Stein, der sich als Quader gut in die Wand einfügt.« Weiter hinten saß noch jemand, den er auch befragte. Dieser schaute mit leuchtenden Augen zu ihm auf und sprach lächelnd : »Ich baue einen Dom!«

Diese Geschichte hat mich tief berührt, denn wir alle finden uns wohl in ihr wieder. Im Alltagsstress, wenn Windeln, Wut und wilde Kinder uns den Blick auf das Wesentliche verstellen, fühlen wir uns erschöpft, allein gelassen und enttäuscht. »Mein Sohn hat gerade einen Wutanfall, meine große Tochter muss lesen üben, und der Kleinen ist soeben ein Glas Apfelsaft auf dem Steinfußboden in tausend Scherben zerbrochen. Sie schreit wie am Spieß!«, schreibt mir Caroline. »Da helfen auch die Tipps aus Deinen Büchern nicht mehr!«

»Doch«, möchte ich Caroline raten. »Schließ dich auf dem Klo ein, und betrachte das Bild mit dem Wasserfall, das du dort vorsorglich aufgehängt hast. Atme drei Mal tief durch, und schick ein Gebet ins Universum, bevor du dich deinen Kindern wieder zuwendest. Atme! Sing ein Lied, oder stell dir die Szene da draußen mit deinem Lieblingskomiker in der Hauptrolle vor.«

Gelingt es uns, eine Pause einzulegen, ein winziges Innehalten, das uns erlaubt, den Blick zu weiten und zu erkennen, an welch wunderbarer Aufgabe wir täglich teilhaben, können wir lächeln und mit leuchtenden Augen sagen: »Ich investiere in die Zukunft meiner Kinder, in das Glück unserer Familie. Jetzt.«

Warum sind Eltern heute fast alle gestresst?

Einige Menschen antworten jetzt vielleicht: »Weil die Kinder so schwierig sind.« Diese Einschätzung teile ich nicht. Ich glaube vielmehr: Wir Erwachsene haben eine Welt erschaffen, die uns jetzt tagtäglich herausfordert und an unsere Grenzen bringt. Wir haben Geister gerufen, die wir jetzt nicht mehr loswerden. Sie heißen Lebensstandard, Bequemlichkeit, Computer, Videorekorder, Lärm, Terminkalender, Straßenverkehr … Natürlich wäre es sinnlos, diese Entwicklungen aufhalten oder gar rückgängig machen zu wollen – ich möchte nur klarmachen, dass es nicht unsere Kinder sind, die den Stress verursachen.

Nach einem Vortrag, den ich vor Eltern gehalten hatte, beschrieb mir eine Mutter ihr tägliches Morgendrama: Sie muss ins Büro, und ihr Zweijähriger weigert sich, seine Sachen anzuziehen und etwas zu frühstücken. Weil er sich gegen alles wehrt, ist sie schließlich so genervt, dass sie ihn wutentbrannt und gewaltsam in seinen Autositz packt und mit dem schreienden Kind davonfährt. Und das jeden Morgen …

Eigentlich möchte der Kleine ganz in Ruhe spielen, aber das geht nicht, denn sie muss ja ins Büro und er in seine Kindergruppe. Das Beispiel beschreibt sehr gut, wie wir uns mit selbst auferlegten Zwängen fertig machen und Kraft rauben. Und es macht auch deutlich, dass nicht die Kinder das Problem sind. Sie sind lediglich der Spiegel. Und es tut weh, in diesen Spiegel zu schauen.

Nun bin ich nicht der Meinung, dass Mütter ihre Berufstätigkeit aufgeben sollen, damit morgens kein Stress aufkommt. Aber ich glaube, es würde dem Kleinen schon helfen, wenn seine Mama ihm mit großem Ernst sagt, dass sie versteht, wie wütend das macht, frühmorgens nicht spielen zu dürfen oder etwas unterbrechen zu müssen. »Ich verstehe. Das ist schlimm für dich. Aber wenn du jetzt deine Hose anziehst, helfe ich dir mit dem Hemd und erzähle dir dabei die Geschichte von dem kleinen Wolf, der keine Lust hatte, mit seiner Mama auf die Jagd zu gehen.« Sie könnte sich dann eine Geschichte ausdenken oder ein andermal das Kind früher wecken oder überhaupt eine halbe Stunde früher aufstehen.

Es gibt bestimmt keine Patentlösung. Aber unser Verständnis hilft jedem Kind, sinnvoller zu kooperieren und auf diese Weise Stress zu vermeiden. Denn Kinder wollen mit uns zusammenarbeiten. Sie sind auf uns angewiesen und tun alles, um unsere Liebe zu erhalten. Die Wege, die sie dabei einschlagen, erscheinen uns manchmal unverständlich – und dann tun wir ihnen Unrecht, wenn wir sie beschimpfen oder strafen.

Stress – ein englisches Wort für Spannung oder Druck – beschreibt körperliche Reaktionen, die der Anpassung an seelische und körperliche Belastungen dienen. Dabei kommt es im Körper zu einer schnellen Mobilisierung von Energiereserven. Der älteste Teil unseres Gehirns schickt Signale an das Nervensystem: Andrenalin, Noradrenalin und Kortisol schießen ins Blut, Puls und Atmung beschleunigen sich, die Verdauung stagniert, der Blutdruck steigt dramatisch an.

Diese körperlichen Reaktionen hatten ursprünglich die Funktion, unsere Vorfahren auf Kampf, Flucht oder Muskelarbeit vorzubereiten. Heute sind diese Reaktionen nicht immer geeignet, denn wir kämpfen nicht mehr gegen wilde Tiere oder laufen davon. Wodurch aber entsteht die seelische und körperliche Belastung, die den Stress auslöst?

Wenn Sie sich im Bekanntenkreis einmal umsehen, werden Sie schnell feststellen, dass *Belastung* bei jedem Menschen etwas anderes heißt. Der eine wird schon durch schrilles Kindergeschrei nervös, der andere bleibt auch noch ruhig, wenn gleichzeitig das Telefon klingelt und die Milch überkocht.

Stress kann allein schon durch ein *Gefühl* von Bedrohung ausgelöst werden, also auch durch Gedanken und Vorstellungen. Umgekehrt können wir mit Gedanken und Vorstellungen und mit Übungen, die unsere Atmung und damit den Puls und den Blutdruck beeinflussen, Stress abbauen.

Entspannung ist etwas Aktives, das wir Menschen in der westlichen Welt üben müssen. Wir haben es in der Regel nirgendwo lernen und beobachten können.

Genau darum geht es in diesem Buch: Alle Eltern leiden unter den Belastungen, denen sie heute oft dauerhaft ausgesetzt sind. Aber wir alle haben zugleich viele unterschiedliche Möglichkeiten, etwas dagegen zu tun.

Der tägliche Stress ist eine Herausforderung, die uns einerseits aufruft, in unserem Alltag Veränderungen vorzunehmen und andererseits die Dinge, die wir nicht ändern können, mit mehr Gelassenheit zu ertragen.

Ich wünsche Ihnen, dass Sie in diesem Buch manches entdecken, das Ihnen Freude macht, Sie inspiriert und hilft, Ihren Alltag mit frischer Kraft und guter Laune zu meistern.

01

Orte der Kraft – innen und außen

*Liebe den Augenblick –
und seine Energien werden sich
über alle Grenzen ausdehnen.*

Corita Kent

Persönliche Kraftorte

Vielleicht kennen Sie das Gefühl, einen Raum zu betreten und sich von ihm in einen angenehmen Bann gezogen zu fühlen. Hier spüren Sie eine neue Dimension, können den Alltag hinter sich lassen und sich auf etwas konzentrieren, das ein Wohlgefühl in Ihnen wachsen lässt.

Sonia Choquette weist darauf hin, dass es wichtig ist, Kindern ein »heiliges Zuhause« zu gestalten. Ich muss Ihnen ganz ehrlich gestehen, dass mir das nie gelungen ist, obwohl ich es bis heute wichtig finde. Meine Katzen bringen die Jahreszeitentische durcheinander, werfen meine Blumenarrangements um, und den Kampf gegen das allgemeine Chaos verliere ich meistens (dafür habe ich in meinen Katzen wahre Lehrmeister für Entpannung und Gelassenheit gefunden). Ich kenne aber durchaus Familien, die es schaffen, in ihren Räumen ein »heiliges Zuhause« zu gestalten. Es sollte sauber und ordentlich sein und Dinge enthalten, die schön anzusehen sind und der Seele Trost geben. Sehr gut fand ich die Anregung, Kinder selbst herausfinden zu lassen, wie positiv sich Ordnung und Schönheit auf ihr Befinden auswirken. »Good vibrations« – positive Energie ist spürbar, das wissen wir nicht erst, seit es Feng-Shui-Berater gibt. Machen Sie Ihre Kinder also neugierig auf eine Entdeckung, anstatt sich wie üblich über die Unordnung zu beschweren.

Vielleicht gibt es schon so einen wohltuenden Raum in Ihrer Wohnung, vielleicht kennen Sie eine Kirche, die Sie besonders mögen, vielleicht hat eine Freundin solch einen Raum in ihrer Wohnung, oder es gibt einen Park, der ein Wohlgefühl in Ihnen auslöst. Viele Jahre habe ich im Berliner Tiergarten eine besondere Bank gehabt, an der ich gern mit meinen kleinen Kindern verweilte und Kraft tanken konnte.

Heute befindet sich nicht weit von unserem Haus entfernt ein kleiner Buchenwald. Wenn ich die mächtige, von Efeu bewachsene Weißbuche am Eingang begrüße, spüre ich ein Aufatmen oder Seufzen in mir. Es ist wie zu Hause ankommen, willkommen zu sein, unabhängig von der Verfassung, in der ich mich gerade befinde. Dieser Wald, der seine Farben und Stimmungen jeden Tag ändert, aber immer die gleiche Ruhe und Gelassenheit ausstrahlt, ist mein derzeitiger Kraftort.

Wenn man kleine Kinder hat, ist man in der Regel von einem Durcheinander umgeben. Chaos ist in bestimmten Phasen des Zusammenlebens unvermeidbar. Doch jeder von uns kann es schaffen, sich einen Kraftort in der eigenen Wohnung einzurichten. Von vielen Müttern weiß ich, dass sie über kein eigenes Zimmer verfügen. Das lässt sich ändern, wenn Sie das Wohnzimmer oder das Schlafzimmer zu Ihrem Refugium erklären und entsprechend gestalten.

Vielleicht brauchen Sie einige Wochen oder sogar Monate, um sich mit diesem Gedanken anzufreunden. In Ihrem Kopf werden wahrscheinlich viele »Ja, aber …« aufblitzen. Letztendlich wissen Sie jedoch genau wie ich, dass Sie ein Recht auf solch einen Raum haben und dass Ihre gesamte Familie davon profitieren wird, wenn Sie ihn zum Krafttanken nutzen.

Die Umsetzung dieser Idee beginnt in Ihrem Kopf mit einem allerersten Gedanken: Was braucht ein Ort, um Ihnen Kraft zu geben?

Zunächst eine Grenze, die Sie von der Unruhe und dem Chaos des Alltags abschirmt. Jesper Juul, der bekannte dänische Familientherapeut weiß, dass es manchmal Jahre braucht, bis wir unsere eigenen Grenzen erkennen. Es ist ein Prozess, zu dem wir und unsere Kinder tagtäglich aufgerufen sind.

Diese Grenze kann eine verschließbare Tür sein, die den Raum begrenzt, in anderen Fällen genügt vielleicht eine sichtbare Markierung wie zum Beispiel ein Teppich.

Lea hat sich in ihrem Wohnzimmer so eine Nische geschaffen. Wenn sie dort sitzt, akzeptieren ihre Kinder das und sind ganz leise. Sie haben ja auch die Erfahrung gemacht, dass die Mama danach wieder »ganz da« ist und sich um sie kümmert.

Hella hat sich einen ganz besonderen Sessel gekauft. Das ist ihr Platz, an dem sie sich mehrmals täglich niederlässt, um Kraft zu schöpfen.

Manche Frauen kommen auf ungewöhnliche Ideen. Ines hat sich ein Baumhaus gebaut, in das sie hin und wieder flüchtet, und Nora hat einen gemütlich eingerichteten Bauwagen in ihren Garten gestellt, wo sie sich ab und zu von der Familie zurückziehen kann.

Wenn Sie jetzt müde gelächelt haben und finden, dass an derart exotische Lösungen in Ihrer Stadtwohnung wahrhaftig nicht zu denken ist, dann heißt es vor allem: nicht aufgeben! Vielleicht ist in Ihrem Bad Platz für ein Meditationskissen und eine Kerze, vielleicht haben Sie eine Altbauwohnung, in der Sie auf dem Flur oder in einem der Zimmer eine Zwischendecke einziehen können, oder Sie gestalten Ihr Schlafzimmer um.

Ein Ort, um Kraft zu tanken, bracht aber mehr als eine sichtbare Grenze; er erfordert auch Dinge, die Ihnen gut tun. Zum Beispiel einen Blumenstrauß oder eine Grünpflanze, denn Blumen beeinflussen das Wohlbefinden des Menschen und rufen Glücksgefühle hervor – das ist nun auch wissenschaftlich bewiesen (vgl. *Kraut und Rüben*, Heft Dezember 2001, Seite 5). Vielleicht haben Sie ein Foto, das Ihnen gut gefällt oder einen Stein, den Sie kürzlich gefunden haben. Oder ein Symbol, das Ihnen hilft, sich an Ihre Fähigkeit, ruhig und gelassen zu sein, zu erinnern. Vielleicht möchten Sie die Elemente Wasser, Erde, Feuer und Luft an diesem Ort präsent haben, indem Sie sich für jedes einen Gegenstand oder ein Symbol suchen.

Vielleicht wollen Sie aber auch dem Element, dem Sie sich am wenigsten verbunden fühlen, einen besonderen Platz geben. Wählen Sie als Unterlage ein einfarbiges Tuch in einer Farbe, die Ihnen jetzt gerade gut tut. Wenn Sie sehr erschöpft sind, kann das ein rotes Tuch sein, das viel Energie ausstrahlt. Haben Sie Angst, sich zu häufig aufzu-

regen, wird Ihnen ein grünes, blaues oder türkisfarbenes
Tuch gefallen. In den dunklen Monaten erfreuen Sie sich
vielleicht an einem sonnigen Gelb oder einem satten
Orange.

Eine Duftlampe oder ein Räucherstäbchen mit einer
pflanzlichen Essenz Ihrer Wahl, Früchte der Saison oder ein
besonderer Kristall und eine Kerze runden die Sache ab.

An einem Kraftort haben wir Gelegenheit, unsere Dankbarkeit zu zeigen, aber auch um das zu bitten, was uns gerade fehlt. Allein die Tatsache, dass es in unserem Wohn-
bereich einen solchen Ort gibt, erinnert uns an die guten
Mächte, die um uns herum wirken und uns helfen, unsere täglichen Aufgaben zu meistern.

Wenn wir unseren äußeren Kraftort gestaltet oder draußen in der Natur gefunden haben, ist es sinnvoll, einen solchen Ort auch in unserem Inneren einzurichten.

Dorthin können Sie sich *immer* zurückziehen. Um ihn
zu finden, begeben Sie sich in eine entspannte Haltung,
zum Beispiel abends, wenn Ihre Kinder schlafen, oder sehr
früh am Morgen. Die Stunden der Dämmerung sind dafür besonders geeignet.

Mein Kraftort

*Beginnen Sie auf Ihren Atem zu achten, wie er kommt und
geht, ganz von allein … Nehmen Sie wahr, wie Sie sich im
Moment fühlen … auf der körperlichen … und auf der geis-
tig-seelischen Ebene … Nehmen Sie wahr, wo der Körper
vom Atem bewegt wird … und stellen Sie sich vor, Sie könnten mit jedem Ausatmen, alle Gedanken und Sorgen einfach
ausatmen … und lassen Sie nun vor Ihrem inneren Auge einen Ort der Kraft entstehen … Lassen Sie sich Zeit, diesen
Ort genau wahrzunehmen … Was sehen Sie? … Was fühlen
Sie? … Was können Sie dort hören? … Was riechen Sie? …
Was schmecken Sie? … Lassen Sie sich überraschen, ob dieser Ort mit Ihrem realen Kraftort übereinstimmt oder ob
Ihnen ein ganz neuer Ort erscheint … Es spielt keine Rolle,*

ob Sie jetzt oder erst später dort ankommen ... Vielleicht sehen Sie einen Wasserfall, eine Quelle oder einen stillen See ... Verweilen Sie in Ihrer Vorstellung an diesem Ort, und genießen Sie seine Ausstrahlung ... Hier sind Sie sicher und geborgen ... Und nun verabschieden Sie sich von dort und beginnen, Hände und Füße wieder zu bewegen, sich zu recken und zu strecken und wieder hier zu sein, erfrischt und wach.

Wenn Sie diese Übung mindestens einundzwanzig Mal gemacht haben, wird es Ihnen leicht fallen, im normalen Alltagsstress ab und zu für einige Minuten an diesem inneren Ort zu entspannen.

Hier und jetzt sein

»Bleiben Sie ganz im Hier und Jetzt!« Das mag sich einfach anhören, gehört aber zu den schwersten Übungen. Doch das Gute daran ist: Diese Übung können wir von unseren kleinen Kindern lernen. Sie sind Meister im »Hier-und-jetzt-sein«.

Beobachten Sie sie einmal aufmerksam und mit den Augen eines Schülers.

Wenn wir uns dem Augenblick ganz hingeben, können wir Kraft tanken. Es ist unglaublich anstrengend, sich ständig Gedanken über das, was war, und das, was sein wird, zu machen. Die Zukunft und die Vergangenheit drohen uns aufzufressen.

Wenn wir Gedanken wälzen und darüber grübeln, was wir gestern falsch gemacht und was andere uns vorgestern angetan haben, kann sich kein Frieden einstellen. Wenn wir uns Sorgen darüber machen, was morgen sein wird und welche Schicksalsschläge und Missgeschicke möglich sind, geraten wir immer tiefer in Angst, Schrecken und Stress.

Das, was jetzt *ist*, kann nicht ungeschehen gemacht werden. Wenn wir hingegen den gegenwärtigen Zustand an-

Hier und jetzt sein

nehmen, vermeiden wir Leid und Kampf. Dann ist es, wie es ist. Nur der Augenblick zählt. Das Jetzt.

Ich weiß, es fällt unendlich schwer, die Dinge einfach so zu sehen, wie sie sind. Ohne Vergleich und Etikett. Streiten sich unsere Kinder zum Beispiel, beobachten wir das nicht einfach, sondern bewerten es als schlecht oder störend. Wir malen uns aus, dass sie gestern schon gestritten haben und morgen sicherlich auch wieder streiten werden und denken über mögliche Folgen nach. Wir bewerten den Lärm und uns selbst als Mutter oder Vater.

Geht es uns dadurch besser? Ich behaupte: nein! Unser Verstand braucht zwar Erinnerungen, Vergleiche und Zuordnungen. Aber er macht uns damit nicht glücklich. Versuchen Sie einmal, die Fliege am Fenster, das Gesicht Ihres Kindes oder Ihre eigene Hand so wahrzunehmen, wie sie ist. Ganz und gegenwärtig, ohne Beurteilung. Betrachten Sie einfach Ihre Hand, und tun Sie dabei nichts anderes, als ruhig zu atmen. Sprechen Sie beim Einatmen *ich* und beim Ausatmen *bin*.

Ich habe zum Beispiel Kopfschmerzen. Wenn ich dagegen ankämpfe und denke: »Schon wieder habe ich diese schrecklichen Kopfschmerzen!«, werde ich unzufrieden. Meine Einstellung ist negativ, und mein Verstand sagt mir: »Es ist schrecklich, Kopfschmerzen zu haben. Es behindert mich.« Mein Schmerz wird schlimmer, wenn ich das, was ist, nicht akzeptiere.

Wenn ich innerlich Ja sage und der Gegenwart erlaube, zu sein, wird mir wohler: »Ja, ich habe Kopfschmerzen. Ja, ich atme. Ja, ich bin.«

Doch allzu oft wollen wir den gegenwärtigen Zustand ändern! Das kostet Kraft! Das Leben wird dann zum erschöpfenden Kampf. Wie oft denken wir zum Beispiel: »Meine Kinder nerven heute!« Und belasten uns dann sofort mit pessimistischen Zukunftsaussichten: »Ich schaffe mein Pensum nicht (*Zukunft*), und das wird schreckliche Folgen haben (*Zukunft mit Horrorversion*)!« Oder: »Gestern waren sie auch schon so anstrengend (*Vergan-*

genheit)! Ich werde immer verbrauchter und verliere die Nerven (*ein schreckliches Zunkunftsbild*)!«

Könnten wir – wie an manchen glücklichen Tagen – einfach alles so hinnehmen, wie es ist, und ganz da und präsent sein – wie würden uns wohler fühlen. Nicht wahr?

Mark Twain soll gesagt haben: »Ich habe schlimme Sachen gedacht, von denen einige auch tatsächlich eingetreten sind.« Ja – unsere eigenen Horrorversionen von zukünftigen Ereignissen können sehr anstrengend sein! Viel anstrengender als das, was tatsächlich *ist*!

Aber alles wird leichter, wenn wir den gegenwärtigen Moment zu unserem Freund machen. Probieren Sie es aus, indem Sie sich selbst beobachten (siehe auch Seite 31) und nichts tun (siehe auch Seite 141).

Der gegenwärtige Moment ist eine Kraftquelle. Was fühlen Sie gerade? Was *ist*? Tauchen Sie ganz in den Augenblick ein. Sie lesen jetzt gerade ein Wort. Sie atmen. Tauchen Sie ein in das Sein, in Ihre eigene Essenz – jetzt.

Einatmen und Ausatmen im Jetzt. Nehmen Sie den Frieden an, der sich einstellt, wenn Sie die Kraft der Gegenwart wahrnehmen!

Tipps zum Weiterlesen

Theo Fischer: Wu wei – Die Lebenskunst des Tao. Reinbek: Rowohlt 1992 (passt gut in jede Manteltasche!)

Eckhart Tolle: Jetzt! Die Kraft der Gegenwart. Ein Leitfaden zum spirituellen Erwachen. Bielefeld: J. Kamphausen Verlag 2001

Hier und jetzt sein

Entspannung durch Bewegung

In fast allen alten Kulturen gab es spezielle Techniken, die praktiziert wurden, um die Gesundheit zu erhalten und den Kontakt zu höheren Welten oder innerer Weisheit zu erleichtern.

Die ältesten Gesundheitslehren sind das *Yoga* und – in der chinesichen Tradition und von indischen Lehrern beeinflusst – *Tai Qi* und *Qi Gong*. Weil beide der Gesunderhaltung dienen, helfen sie natürlich auch, Kraft zu tanken, gehen jedoch – als philosophische Systeme – auch weit über diesen unmittelbaren Nutzen hinaus.

Yoga ist ein jahrtausendealtes, einzigartiges System körperlicher und geistiger Übungen, das jedem Menschen helfen kann, Beweglichkeit, Entspannung und innere Ruhe zu finden. Am bekanntesten sind die Übungen des *Hatha Yoga,* von denen Sie einige ab Seite 23 finden.

Sowohl bei *Tai Qi* wie bei *Qi Gong* geht es darum, *Qi,* die Lebensenergie, die das Universum duchströmt und unsere Kraftquelle ist, für uns zu nutzen. Das geschieht durch Vorstellungsübungen, Bewegungen und Meditation.

In unserer Kultur verbringen zunehmend mehr Menschen ihre Tage sitzend. Dadurch verkümmern ganze Muskelgruppen. Wer unter Bewegungsmangel leidet, sollte das Buch *Schafft die Stühle ab!*« von Renate Zimmer lesen (siehe Literaturempfehlungen, Anhang Seite 155), das deutlich macht, wie wichtig Bewegung für uns alle – gerade auch für Kinder – ist. Es ist nicht schwer zu begreifen, dass wir durch die Nichtbeanspruchung vieler Muskeln an Kraft verlieren. Jede Einseitigkeit hat Folgen! Wenn wir uns wohl fühlen wollen, müssen wir immer auch ein körperliches Gleichgewicht anstreben.

Sowohl *Yoga* als auch *Tai Qi* und *Qi Gong* helfen, den gesamten Körper zu aktivieren und zu entspannen, sie fördern außerdem die Konzentrationsfähigkeit und den Schlaf, und sie beugen Krankheiten vor.

Wenn Sie sich für eine der Übungsarten entscheiden wollen, sollten Sie sich zuerst nach einem guten Lehrer bzw. einer guten Lehrerin umsehen. Damit steht und fällt die Qualität des Übungsprogramms. Hinweise oder Empfehlungen erhalten Sie bei den örtlichen Volkshochschulen oder von Freunden und Bekannten.

Vor allem aber müssen Sie selbst ausprobieren, was Ihnen liegt. Um zu beginnen, brauchen Sie keine Voraussetzungen – aber Sie sollten sich in Ihrer Gruppe und mit dem Lehrer schon wohl fühlen. Anhand der nachfolgenden Übungen können Sie testen, ob Ihnen diese Art der Entspannung liegt:

Yoga-Übungen

Spüren Sie nach Beendigung jeder Übung, wie sich der Körper jetzt anfühlt und wo er vom Atem bewegt wird:

- *Sie liegen in Bauchlage auf dem Boden. Die Stirn berührt den Boden. Strecken Sie die Arme nach vorn aus. Mit dem nächsten Einatmen heben Sie leicht den Kopf sowie den linken Arm und das rechte Bein.*
  Mit dem Ausatmen kehren Sie wieder zurück in die Ausgangsposition. Beim nächsten Einatmen heben Sie den rechten Arm und das linke Bein. Üben Sie so mehrmals im Wechsel.

- *Sie liegen in Rückenlage auf dem Boden. Die Arme liegen locker neben dem Körper. Mit dem nächsten Einatmen heben Sie beide Arme und führen Sie nach hinten. Dehnen Sie sich über die Fingerspitzen, und stellen Sie die Beine an.*
  Beim Ausatmen legen Sie die Handrücken aneinander, heben Kopf und Schultergürtel und führen die Hände zwischen die Knie. Wenn alle Atemluft entwichen ist, lassen Sie sich sinken, nehmen einen Zwischenatemzug und beginnen wieder von vorn.

Sie stehen mit beiden Beinen fest auf dem Boden, die Arme hängen locker neben dem Körper. Spüren Sie den Körper in dieser aufgerichteten Haltung. Atmen Sie ein, und führen Sie dabei beide Arme über die Seiten nach oben, so dass sich ihre Handflächen berühren, und stellen Sie sich gleichzeitig auf die Zehen. Beim Ausatmen führen Sie beide Arme und die Füße zurück in ihre Ausgangsposition.

Tai-Qi-Übung

Sie stehen fest wie ein Baum auf dem Boden. Verwurzeln Sie sich in der Erde, und stellen Sie sich vor, dass Sie über Ihren Scheitel Himmelsenergie in sich aufnehmen. Atmen Sie bewusst ein und aus.

Stellen Sie sich dann vor, Sie stünden in angenehm warmem Wasser. Vor Ihnen schwimmt ein großer Wasserball. Öffnen Sie die Hände nach oben, so als würden Sie den Ball halten, und atmen Sie tief ein, während Sie den Ball ein wenig anheben.

Heben Sie dabei die Hände ungefähr bis zum Herzen. Beim Ausatmen drehen Sie die Handflächen nach unten, so als wollten Sie den großen Ball ein wenig ins Wasser drücken. Dabei senken sich die Hände ungefähr bis auf Höhe des Bauchnabels.

Qi-Gong-Übung

Stellen Sie sich aufrecht in den Raum. Entspannen Sie sich, indem Sie drei Mal tief ausatmen, und nehmen Sie in Ihrer Vorstellung Kontakt zu Himmel und Erde auf. Lauschen Sie kurz in den unendlichen Kosmos, und nehmen Sie die Erde unter Ihren Fußsohlen wahr. Stellen Sie sich vor, Sie wären ein Baum.

Denken Sie jetzt an Ihre große Zehe, und klammern Sie sich mit ihr in der Erde fest. Lockern Sie die Zehe, und spüren Sie dem Gefühl nach.

> **Tipps zum Weiterlesen**
>
> *Esther Jenny* und *Dasappa Keshava*: Yoga-Grundkurs für Anfänger. München: Gräfe und Unzer 1996
>
> *Chungliang Al Huang*: Tai Ji. Ganzheitlich leben. München: Gräfe und Unzer 1988
>
> *Joachim Pongratz*: Qi Gong im Alltag. Leichte altchinesische Übungen für ein harmonisches Leben. München: Droemer Knaur 2001

Kann man Kraft auch essen?

Unbedingt! Unsere Nahrung hat nicht nur Einfluss auf unsere körperliche Gesundheit, sondern auch auf unsere Seele und unseren Geist.

Die Bestandteile unserer Nahrungsmittel wirken direkt auf unseren Körper und prägen von dort unsere Stimmung, ja sogar unsere Intelligenz. So ist frisches Obst und Gemüse, das Folsäure enthält, ein gutes Mittel gegen depressive Verstimmungen, Vollkornprodukte stärken mit ihren B-Vitaminen die Nerven und sorgen für Konzentrationsfähigkeit und Ausgeglichenheit.

Eindeutige Schadstoffe sind weißer Industrie-Zucker und weißes Mehl, zu viel Fett und Fleisch.

Von sehr unruhigen Kindern weiß man, dass ihnen bestimmte Botenstoffe fehlen, zum Beispiel *Dopamin* und *Serotonin*. Durch eine gezielte Ernährungsumstellung werden diese Kinder ausgeglichener und ruhiger (siehe Literaturempfehlungen: Jaap Huibers und Barbara Simonsohn; Anhang Seite 155)

Oft begegnen mir Mütter, deren Kraftreserven nahezu erschöpft sind. Neben organisatorischen und psychologischen Hinweisen erhalten sie den Rat, ihre Ernährung zu überprüfen. Viele Menschen leiden heute – trotz voller Kühlschränke – an Mangelzuständen. Das Übermaß an Zucker, weißem Mehl und Fleisch ist vom Körper oft nicht zu verkraften. Vollkornprodukte und viel rohes Obst und Gemüse helfen Eltern und Kindern, Kraft zu tanken und beugen auch Allergien und Krankheiten vor. B-Vitamine sind nun einmal die wichtigsten Nervenstärker und sind vor allem im vollen Korn enthalten.

Wer es nicht schafft, auf Fertiggerichte und Fast-Food zu verzichten, sollte seine Lebensgewohnheiten überprüfen. Manche Menschen erleben das zunächst als Einschränkung. Wer es aber wirklich ausprobiert, wird entdecken, dass er dadurch eine Menge gewinnt.

Gemeinsames Kochen kann zu einem Kraft spendenden Erlebnis werden, und der Kontakt zu den Erzeugern wertvoller Nahrung – zum Beispiel einem Biohof in Ihrer Nähe – kann eine Bereicherung für die ganze Familie sein. Sicherlich gibt es auch in Ihrer Nähe einen Bioladen, der u.a. von Höfen aus der Umgebung beliefert wird. Dort können Sie sich über Abo-Kisten, Verkauf ab Hof oder sogar Mitbeteiligung erkundigen oder einen Tag der offenen Tür oder ein Hof-Fest besuchen.

Auf Managerseminaren wird empfohlen, vor jeder Mahlzeit eine Portion rohes Obst oder Gemüse zu verzehren. Auf diese Weise greift man bei den weniger gesunden Speisen in geringerem Maße zu. Mütter sind Manager! Was hält uns also davon ab, diesen einfachen Trick anzuwenden?

Manchmal ist es jedoch zusätzlich notwendig, die eigene Nahrung durch Vitamine und Mineralien zu ergänzen. Zum Beispiel nach der Geburt eines Kindes oder wenn Sie lange stillen oder aus familiären Gründen besonders belastet sind. Lassen Sie sich dann im Reformhaus umfassend über das Angebot und die Wirkung natürlicher

Kraftspender beraten. Sie erhalten dort auch kostenlos Rezepte, die eine Nahrungsumstellung erleichtern. Ich selbst mache seit Jahrzehnten gute Erfahrungen mit Vollwertkost und Nahrungsmitteln direkt vom Biohof. Außerdem gibt es in meiner Familie die Afa-Alge, deren belebende, kräftigende Wirkung Sie schon nach wenigen Tagen der Einnahme verspüren werden. Die darin enthaltenen Aminosäuren, essenziellen Fettsäuren, Vitamine und Mineralstoffe helfen dem Körper, Schwermetalle auszuschwemmen und das Gehirn anzuregen.

Lassen Sie sich jedoch nichts aufschwatzen, sondern probieren Sie selbst, was Ihnen gut tut und was zu Ihnen passt!

Tipp zum Weiterlesen

Geoff Bond: Natural Eating. Essen, was der Körper wirklich braucht. München: beustverlag 2001

Bezugsquellen für Produkte zur Nahrungsmittelergänzung

Raab Vitalfood GmbH
Carl-Benz-Straße 9
85296 Rohrbach
Tel.: 0 84 42 / 9 11 88
Fax: 0 84 42 / 9 11 90

Sanacell GesundheitsNetzwerk GmbH
Dovestr. 1
10587 Berlin
Tel.: 0 30 / 3 98 06 70
Fax: 0 30 / 3 98 06 719

02

Allein mit sich selbst

Man soll sich mehr um die Seele als um den Körper kümmern; denn die Vollkommenheit der Seele richtet die Schwächen des Körpers auf.

Demokrit

Mit sich selbst ins Reine kommen

Wir alle haben in unserem Inneren eine Quelle großer Weisheit und Kraft. Wir können Zugang zu ihr erhalten, wenn wir still werden und uns auf eine Phantasiereise einlassen:

Setzen Sie sich auf einen Stuhl oder ein Meditationskissen, und nehmen Sie eine entspannte Haltung ein. Halten Sie den Rücken gerade, ohne sich anzustrengen.

Beginnen Sie auf den Atem zu achten, wie er kommt und geht, ganz von allein ...

Stellen Sie sich vor, dass Sie mit jedem Ausatmen alle Gedanken und Sorgen einfach ausatmen können ...

Begeben Sie sich dann an einen Ort großen Friedens. Vielleicht ist es eine Wiese irgendwo in der Natur ... vielleicht eine Höhle in einem Gebirge ... eine Kirche, die Sie besonders anspricht ... oder das Ufer eines stillen Sees ...

Nehmen Sie die Kraft dieses besonderen Ortes wahr ... und stellen Sie sich vor, Sie könnten mit jedem Atemzug etwas mehr von dieser Kraft einatmen ... Dann lassen Sie dort, vor Ihrem inneren Auge Ihren inneren Ratgeber auftauchen ...

Es spielt keine Rolle, ob Sie ihn nur verschwommen, oder ganz real wahrnehmen ... ob es sich um ein menschliches Wesen oder etwas ganz anderes handelt ...

Genießen Sie einfach die Anwesenheit dieser gütigen, weisen Gestalt ... Spüren Sie alles, was es da zu spüren gibt ... betrachten Sie die Farben und Formen ... hören Sie die besonderen Geräusche ...

Und nun nehmen Sie sich Zeit, Ihrem inneren Ratgeber eine Frage zu stellen ... Nehmen Sie seine Antwort wahr, die als Bild, Gedanke oder Wort auftauchen kann ... Lassen Sie sich Zeit ... und nehmen Sie die Antwort einfach an ...

Bedanken Sie sich dann bei Ihrem inneren Ratgeber ... und kommen Sie zurück in den Raum, indem Sie Hände und Füße bewegen, sich recken und strecken ... erfrischt und wach.

Lesen Sie sich die Phantasiereise mehrmals durch, bis Sie den Text in etwa im Kopf haben, und führen Sie sie dann aus. Sie können den Text auch langsam und mit den angegebenen Pausen auf Kassette sprechen oder ihn sich vorlesen lassen.

Geben Sie nicht auf, wenn Sie beim ersten Mal nicht gleich das gewünschte Ergebnis erhalten. Es klappt auf jeden Fall, wenn Sie es mehrmals probieren.

Beobachten Sie sich selbst

»Sobald du beginnst, den Denker zu beobachten, wird eine höhere Bewusstseinsebene aktiviert. Dann beginnst du zu erkennen, dass es einen enormen Bereich von Intelligenz jenseits des Denkens gibt«, schreibt der Autor Eckhart Tolle (siehe Literaturempfehlungen, Anhang Seite 155).

Zu den nützlichsten Beschäftigungen, die wir täglich verrichten können, gehört die Selbstbeobachtung. Beobachten Sie sich einmal bei der täglichen Hausarbeit oder beim Umgang mit Ihren Kindern. Beobachten Sie Ihr Verhalten, als würden Sie sich selbst in einem Film sehen, und beobachten Sie Ihre Gedanken. Die folgende Anleitung hilft Ihnen dabei:

Setzen oder legen Sie sich entspannt hin ... Nehmen Sie wahr, dass Sie ohne die Fähigkeit, sich selbst zu beobachten, den Kontakt zum Boden, den Ihr Körper jetzt hat, nicht wahrnehmen könnten ...

Wandern Sie nun durch Ihren Körper, vom Scheitel ... über Kopf ... Hals ... Schultern ... Brust ... Rücken ... Bauch ... Becken ... Oberschenkel ... Knie ... Unterschenkel ... bis zu den Sohlen ...

Nehmen Sie wahr, wo es im Körper schmerzhafte Stellen oder Verspannungen gibt ... Nehmen Sie sich ein paar Minuten Zeit um zu erkennen, wie Sie Ihren Körper beobachten können ... und konzentrieren Sie sich dann auf Ihre Gedanken ...

Welcher Gedanke kommt zuerst ... und welcher kommt anschließend ... Sie können Ihren Gedanken eine gewisse Ordnung geben, indem Sie sie nach Gegenwart, Vergangenheit und Zukunft sortieren ...

Indem Sie Ihre Gedanken beobachten, wird Ihnen klarer, worüber Sie viel nachdenken ... Und während Sie Ihre Gedanken beobachten, können Sie bemerken, dass Sie mehr sind als Ihre Gedanken ... Und Sie können beobachten, welche Stimmung in Ihnen jetzt vorherrscht ... und wahrnehmen, dass Sie, indem Sie sich beobachten, mehr sind als Ihre Stimmung ...

Und nun lassen Sie sich noch einen Moment Zeit, Ihre Gefühle zu beobachten ... Welche Gefühle sind jetzt da? ... Sagen Sie sich: Ich kann meine Gefühle beobachten, also bin ich mehr als meine Gefühle ... Diesen Teil in Ihnen, der beobachtet, können Sie auch den inneren Beobachter nennen. Es ist der Teil in uns, der neutral wahrnimmt, was ist.

Und wenn Sie wieder einmal im Chaos des Alltags verwickelt sind, können Sie sich diesem inneren Beobachter anschließen, wenn Sie das möchten, und dadurch Distanz bekommen, Abstand gewinnen und Kraft tanken.

Und dann kommen Sie mit dieser Aufmerksamkeit wieder zurück in den Raum ... seien Sie wieder hier ... erfrischt und wach.

Wichtig ist, dass Sie sich für das, was Sie da sehen oder denken, nicht verurteilen. Bewerten Sie nichts. Reden Sie sich stattdessen gut zu, seien Sie freundlich und fürsorglich zu sich selbst. Das ist eine große Kraftquelle.

Sagen Sie sich:

- »Ich darf Fehler machen.«

- »Immer mit der Ruhe, du schaffst das schon.«

- »Es ist, wie es ist.«

- »Ich tue, was ich kann. Das genügt.«

Früher oder später werden Sie bei Ihrer Selbstbeobachtung Gefühle wahrnehmen. Sie werden versucht sein, sich über Ihre unangenehmen Gefühle wie Wut, Trauer, Angst oder Sorgen zu ärgern. Beobachten Sie Ihre Gefühle nur. Allein die Tatsache, dass Sie sie bewusst wahrnehmen, zeigt, dass Sie mehr sind als Ihre Gefühle. Es gibt etwas in Ihnen, was Ihre Gefühle wahrnehmen kann wie ein Zuschauer in der ersten Reihe des Theaters. Das ist doch wunderbar – Sie sind mehr als Ihre Gefühle, und Sie müssen sich nicht mit Ihnen identifizieren! Sagen Sie sich in aller Ruhe: »Ich habe diese Gefühle – aber ich bin sie nicht.« Betrachten Sie Ihre Gefühle wie Freunde, und nehmen Sie sie einfach an, wie sie sind. Umarmen Sie sie: »Aha – du bist also meine Wut. Ich nehme dich wahr.«

Solange wir uns mit unseren Gedanken und Gefühlen identifizieren, werden wir Schmerz erleiden und Kraft verlieren. Wir sind dann ärgerlich, wütend, enttäuscht und traurig.

In dem Augenblick, indem wir sie loslassen und ins Jetzt eintauchen, fühlen wir Frieden und Kraft. Atmen Sie einfach. Sagen Sie sich bei jedem Einatmen *ich* und bei jedem Ausatmen *bin*. Mehr ist nicht zu tun!

Nutzen Sie die Kraft der Gedanken

Mit unseren Gedanken schaffen wir Realität, entsprechend gibt es Gedanken, die uns schwächen, und solche, die uns stärken.

Es gibt Tage, da haben wir nur Negatives im Kopf, und es scheint, als würden wir uns geradezu darin suhlen. Ich kenne das gut.

Ich denke dann zum Beispiel schon morgens, dass es wieder einmal regnet, dass mein Sohn noch immer nicht mit seinem Referat begonnen hat und dass mein Mann nicht freundlich zu mir war. Mir fällt ein, welche Wäscheberge auf mich warten und dass mein Hund eigentlich zum Tierarzt müsste und dass ich keine Lust zum Kochen habe ... Solche Listen könnte ich beliebig fortsetzen.

An anderen Tagen übersehe ich das schmutzige Geschirr, lache mich beim Frühstück kaputt, bewundere die ersten Schneeglöckchen und finde das ganze Leben einfach herrlich.

Habe ich das nun alles mit meinen Gedanken gemacht? Wenn es regnet, regnet es, ganz gleich, wie ich denke – aber wie bewerte ich das? Würde ich am Rande einer Wüste leben, wäre Regen wohl das größte Geschenk.

Die schmutzige Wäsche kann ich mit Dankbarkeit annehmen, weil es ein Beweis dafür ist, dass ich mit vielen netten Menschen – nämlich meiner Familie – zusammenlebe. Andere beneiden mich darum.

Positiv denken ist eine Lüge, behaupten manche. Im Leben gibt es nicht nur Positives. Das ist richtig – aber es geht ja gerade darum, wie ich das, was mir negativ erscheint, bewerte. Meine Sichtweise ist entscheidend.

Aus der Hypnotherapie ist die Problemhypnose bekannt: Wenn wir ein Problem haben, dreht sich alles nur noch um das Problem. Es ist, als würden wir das Problem durch ein Brennglas betrachten. So verschlimmert sich alles – das Problem fängt regelrecht Feuer, wie das trockene Gras unter dem Brennglas. Alles, was funktioniert und gut klappt, sehen wir dann gar nicht mehr.

Es kommt also darauf an, das Blickfeld ganz bewusst wieder zu erweitern, vom Problem wegzuschauen und das Angenehme wieder wahrzunehmen.

Gestern hat mich mein Pflegesohn mit seinem provozierenden Verhalten bis an den Rand der Weißglut gebracht. Heute Morgen konzentriere ich mich bewusst auf seine positiven Eigenschaften. Ich sehe sein Lachen vor mir, seine bezaubernden Grübchen, seine Dankbarkeit, und höre innerlich, wie er sagt:»Ich bin glücklich!«Schon geht es mir besser.

Wenn Sie sich kraftlos fühlen, versuchen Sie einmal, die Sichtweise zu ändern und die Dinge umzudeuten.

Aus einem »Mir ist alles zu viel!« wird dann »Ich werde gebraucht!«, ein anstrengendes Kind wird zu einem lebendigen Kind voller Lebensfreude, der Dreck in Ihrem Haushalt wird zur Lebensspur, und die Unfreundlichkeit Ihres Partners bleibt bei ihm und in seiner Verantwortung.

Verstehen Sie mich nicht falsch: Sie sollen sich nicht in die Tasche lügen. Es geht nur darum, einmal auszuprobieren, ob es nicht zwei Seiten einer Medaille gibt, und ob es sich nicht lohnt, eine problematische Situation einmal mit anderen Augen zu sehen. Lehnen Sie sich für einen Moment zurück, und versuchen Sie, mit neuen Augen auf Ihr Leben zu blicken …

Schöpfen Sie Zuversicht und Lebensfreude

Wie wir gesehen haben, zählen negative Gedanken und Vorstellungen zu den Krafträubern allererster Güte. Damit kann man sich nicht nur den ganzen Tag verderben, sondern auch jede Menge Stress aufbürden.

Zuversicht und Lebensfreude dagegen tragen zur Entspannung bei und geben Kraft. »Schön gesagt«, werden jetzt einige von Ihnen, liebe Leserinnen, denken. »Und wie, bitte schön, gewinne ich Zuversicht und Lebensfreude?«

Ganz gewiss wird es mir mit diesem Buch nicht gelingen, aus einem Pessimisten einen Optimisten zu machen. Vielleicht kann ich Sie jedoch ermuntern, negative Einstellungen gelegentlich zu überprüfen – zum Beispiel an allen ungeraden Tagen im Kalender: Muss es wirklich sein, dass Ihr Sohn arbeitslos und berufsunfähig bleibt, weil er im letzten Diktat eine Sechs geschrieben hat? Ist es hilfreich, die ganze Nacht hellwach im Bett zu liegen, weil eine Kollegin eine kritische Bemerkung gemacht hat? Lohnt es sich, über den Streit von gestern heute noch nachzudenken? Solche Gedanken nenne ich *Problemhypnose*.

Zuversicht gewinnen wir durch Vertrauen. Das Phänomen der sich selbst erfüllenden Prophezeiung zeigt, dass

Allein mit sich selbst

Vertrauen auch positiv wirkt. Das, was wir erwarten, trifft meist auch ein. Zuversicht strahlt aus wie die Sonne: Trauen wir zum Beispiel unserem Sohn zu, dass er seine Leistungen verbessern kann, sind die Chancen, dass er Erfolg hat, wesentlich höher. Wer selbst an seine Ziele glaubt und dabei auch von anderen unterstützt wird, kommt leichter ans Ziel als jemand, der davon ausgeht, immer zu verlieren.

Lebensfreude führt zwar nicht immer zu Höchstleistungen, aber zu einem glücklichen, kraftvollen Leben, in dem unvermeidliche Fehlschläge oder schlimme Schicksale verkraftet werden können.

Lebensfreude wird übrigens nicht – wie manche vielleicht annehmen – durch besonders glückliche Lebensumstände geweckt. Nein: Es gibt viele Menschen, die »alles« haben und dennoch sehr unglücklich sind. Andere wiederum haben ein schweres Schicksal zu tragen und strahlen dennoch Lebensfreude aus.

Lebensfreude und Zuversicht wachsen aus Dankbarkeit und dem Blick für kleine Dinge und kleine Wunder am Wegrand.

Ja – in der Natur kann man Glück und Lebensfreude überall antreffen. Löwenzahn wächst durch Straßenpflaster, Lämmer tollen über die Wiese, Blumen verströmen ihren Duft, die Amsel singt ein Abendlied.

Suchen Sie einen schönen Ort auf. Atmen Sie tief aus, und nehmen Sie alles wahr, was es dort gibt. Speichern Sie das Glück, indem Sie es einatmen.

Ich empfehle Ihnen, sich ein besonderes Tagebuch für schöne, überraschende und freudige Ereignisse anzulegen. Zum Beispiel, wenn Sie ein Geldstück auf der Straße finden, unerwartet einen Blumenstrauß bekommen, die Lohnsteuerrückzahlung erhalten oder Ihnen jemand ein tolles Kompliment macht. Ich liebe es, in schwierigen Stunden mit schlechter Laune dieses Tagebuch hervorzukramen und mich mit den zahlreichen Wundern in meinem Leben zu beschäftigen.

Tipps zum Weiterlesen

Arielle Ford: Hilfe von oben. 101 wahre Geschichten von Engeln, Wundern und Heilungen. München: Goldmann 2000

Ulla Sebastian: Prinzip Lebensfreude. Anleitung zur Entwicklung eines positiven Selbst. Düsseldorf: Walter Verlag 2000

Lärm raubt Kraft

Lärm macht krank. Trotzdem gibt es Lärm, gegen den wir uns kaum wehren können: Flugzeuge, Straßenverkehr, Eisenbahnen, Baustellen … Umso schlimmer ist daher der Lärm in den eigenen vier Wänden. Der Lärm von Staubsauger, Getreidemühle, Mixer, Radio, Fernseher, elektrischem Bohrer oder Haarfön steuern unsere Stimmung, und manchmal merken wir es schon gar nicht mehr.

Wer sich erschöpft und ausgebrannt fühlt, sollte versuchen, vermeidbare Lärmquellen auszuschalten. Viele Menschen haben mir gesagt, dass Fernsehen entspannend ist. Das ist ein Trugschluss. Beim Fernsehen kann unser Nervensystem nicht abschalten und Ruhe finden. Es wird stattdessen regelrecht aufgeladen.

Stille nährt, Lärm verbraucht, heißt es sehr treffend. Versuchen Sie es mal. Lassen Sie für eine oder mehrere Stunden alle elektrischen Geräte ausgeschaltet, und bemühen Sie sich bewusst um Stille. Flüstern Sie für eine verabredete Zeit, oder hüllen Sie sich ganz in Schweigen.

Überwinden Sie Angst und Schuldgefühle

Angst ist ein Gefühl, das – wie alle Gefühle – einen Sinn hat. Unsere Angst muss daher zunächst dankbar anerkannt werden, denn sie will uns warnen. »Achtung, Gefahr!«, sagt unsere Angst und mahnt uns zur Vorsicht.

Die Angst um unsere Kinder ist daher nur nützlich, denn als Eltern müssen wir einfach aufpassen, dass ihnen nichts geschieht. Wenn wir aber alle Steckdosen gesichert und das Waschmittel außer Reichweite gestellt haben, wenn wir unser Kind achtsam beobachten und bemerken, es geht ihm gut, dann wird es Zeit, die Angst loszulassen. Sie raubt uns sonst Kraft. Vertrauen Sie Ihr Kind seinem Schutzengel an, und lassen Sie Ihre Angst los. Mehr können Sie gar nicht tun. Wir haben im Leben nie alles im Griff, aber wir können uns selbst enorm schwächen, wenn wir so tun, als könnten wir alles kontrollieren.

In Astrid Lindgrens Buch *Ronja Räubertochter* gibt Mattis, der Vater, ein gutes Beispiel für den Umgang mit Ängsten ab. Denn eines schönen Tages sieht er ein, dass die Zeit gekommen ist, wo Ronja das Leben außerhalb der Burg kennen lernen muss:

»Lovis«, sagte er zu seiner Frau, »unser Kind muss lernen, wie es ist, im Mattiswald zu leben. Lass Ronja hinaus!« – »Schau an, hast du das endlich auch begriffen?«, sagte Lovis. »Wenn es nach mir gegangen wäre, dann wäre sie schon längst draußen.« Und damit hatte Ronja die Erlaubnis, frei herumzustreunen, wie sie wollte. Vorher aber ließ Mattis sie dies und jenes wissen. »Hüte dich vor den Wilddruden und den Graugnomen und den Borkaräubern«, sagte er. »Woher soll ich wissen, wer die Wilddruden und die Graugnome und die Borkaräuber sind?«, fragte Ronja. »Das merkst du schon«, antwortete Mattis. »Na, dann«, sagte Ronja. »Und dann hütest du dich davor, dich im Wald zu verirren«, sagte Mattis. »Was tu ich, wenn ich mich im Wald verirre?«, fragte Ronja. »Suchst dir den richtigen Pfad«, antwortete Mattis. »Na, dann«, sagte Ronja. »Und dann hütest du dich davor, in den Fluss zu plumpsen«, sagte Mattis. »Und was tu ich, wenn ich in den Fluss plumpse?«, fragte Ronja. »Schwimmst«, sagte Mattis.

(Quellennachweis siehe Seite 156)

Mit sich selbst ins Reine kommen

Was Astrid Lindgren so wundervoll beschrieben hat, ist leider nicht die Regel. Aber Vater Mattis sollte uns allen ein Ansporn sein.

Ein ebenfalls großer Krafträuber sind Schuldgefühle. Es gibt wohl keine Mutter, die sich nicht irgendwann Vorwürfe macht und sich schuldig fühlt. Das beginnt oft schon in der Schwangerschaft. Habe ich mich nicht furchtbar aufgeregt? War das Glas Sekt vielleicht schädlich? Durfte ich bei Glatteis auf die Straße gehen? Ich hätte es wissen müssen und verhindern können!

Bedanken Sie sich bei Ihren Schuldgefühlen! Sie zeigen Ihnen, dass Sie ein verantwortungsbewusster Mensch sind und ein Gewissen haben. Sie gehören zu denen, die es gern gut machen, und das ehrt Sie. Herzlichen Glückwunsch!

Jetzt bleiben Sie aber bitte nicht dabei stehen. Wenn Sie einen Fehler gemacht haben, werten Sie das als Information: »Nächstes Mal verhalte ich mich anders.«

Jesper Juul unterscheidet zwischen Schuldgefühl und Schuldbewusstsein. Ein Schuldgefühl ist diffus und hilft nicht weiter. Wenn wir uns aber darüber klar sind, dass wir einen Fehler gemacht haben, können wir uns entschuldigen. Auch zehn Stunden, zehn Monate oder zehn Jahre später!

Übernehmen Sie die Verantwortung, und entschuldigen Sie sich. Mehr können Sie nicht tun.

Wenn Sie sich jetzt tagelang Vorwürfe machen und grübeln, warum Sie sich so oder so verhalten haben, schwächen Sie sich selbst und tun Ihrer Familie damit keinen Gefallen. Sagen Sie sich: »Jetzt ist es gut! Ich darf Fehler machen. Jeder macht Fehler.« Und verzeihen Sie sich selbst. Gott hat Ihnen schon längst verziehen.

Humor macht stark

»Zehn Mal musst du am Tag lachen und heiter sein«, empfiehlt Nietzsches Zarathustra für ungestörte Nachtruhe.

Mit sich selbst ins Reine kommen

Dass Lachen heilende Kräfte hat, können wir vielleicht am besten aus der Krankheitsgeschichte von Norman Cousins erfahren, der vor über dreißig Jahren an Spondylarthritis litt, einer schmerzhaften Erkrankung des Knochengewebes.

Seine Überlebenschance lag bei 1:500, aber weil er keine Lust zu sterben hatte, ließ er sich aus dem Krankenhaus in ein Hotel verlegen, sah sich dort stundenlang Slap-Stick-Filme an und ließ sich witzige Bücher vorlesen. Außerdem bekam er viel Besuch von Freunden, die die Aufgabe hatten, mit ihm zu scherzen und zu lachen. Cousins beschreibt in seiner Krankheitsgeschichte, dass seine Schmerzen nachließen, wenn er etwa zehn Minuten lang laut gelacht hatte. Anschließend konnte er mindestens eine Stunde lang problemlos schlafen.

Außerdem wurde er wieder gesund und verfasste Bücher und Zeitschriftenartikel über seine Lachkur. Hieraus entwickelte sich in den USA die *Gelotologie*, die Wissenschaft vom Lachen.

Heute bereist Patch Adams, Arzt und Clown, viele Länder der Erde, um die heilende, universelle Botschaft des Lachens zu verbreiten. Ein Lachen, das tief aus dem Bauch kommt, wirkt wie eine sehr erfolgreiche Entspannungsübung.

Es ist das beste Mittel gegen Stress, Herzbeschwerden, Schmerzen und chronische Angst.

Übrigens hat selbst Lächeln schon positive Auswirkungen! Veränderungen der Gesichtsmuskulatur führen dem Gehirn mehr Blutzucker zu, dies führt zu einer »Sauerstoffdusche« und einem positiven Gemütszustand! Also: bitte lächeln!

Wahrscheinlich haben sie selbst schon erlebt, wie wohltuend der Umgang mit humorvollen Menschen ist. Das Dumme ist nur, dass uns der Humor oft gerade dann verlässt, wenn wir ihn am nötigsten brauchen. Zum Beispiel an einem absoluten Chaos-Tag. Für diese Fälle empfehle ich das Humor-Regal.

Stellen Sie ein paar wirklich witzige Videos, Cartoon-Bücher oder kabarettistische Hörspiele zusammen, und greifen Sie in Notfällen darauf zurück. Schaffen Sie sich Bücher mit Witzen an, und erzählen Sie sich im Familienkreis regelmäßig Witze.

Prüfen Sie sich öfter am Tag, ob Sie lächeln oder schon gelacht haben, und gehen Sie achtsam mit sich um.

Videotipps

Dr. Patch Adams: Gesundheit durch Liebe, Humor, Lachen und Freundschaft.
Video eines Vortrages, erhältlich über:
12&12 Versand, J. Lauer
Weingartenstr. 47, 35576 Wetzlar
Tel.0 64 41 / 3 12 17; Fax 0 64 41 / 3 29 11
Den Spielfilm *Patch Adams* mit Robin Williams erhalten Sie in Ihrer Videothek.

Lächle dir selbst zu – eine Entspannungsübung

Gestatten Sie sich, eine entspannte Haltung einzunehmen, und gönnen Sie sich eine kleine Pause ...

Beginnen Sie auf Ihren Atem zu achten ... wie er kommt und geht ... ganz von allein ...

Beobachten Sie nun Ihr Gesicht, und versuchen Sie, den Unterkiefer zu entspannen ... Ober- und Unterkiefer berühren sich nicht, die Zunge liegt entspannt am Gaumen ... Entspannen Sie Ihre Wangen ... die Augen ... die Augenbrauen ... die Stirn ...

Stellen Sie sich nun etwas vor, was Sie sehr lieben: ein Kätzchen, ein kleines Kind, eine Blume ... Lächeln Sie ... Fühlen Sie Ihr Herz, und stellen Sie sich vor, Sie könnten sich selbst zulächeln ... Schenken Sie sich selbst ein Lächeln ... Dehnen Sie das Lächeln aus, auf Ihren ganzen Körper ... auf den ganzen Raum ... auf das ganze Haus ... Spüren Sie, wie groß Ihr Lächeln werden kann ... Senden Sie es aus in die Welt ...

Genießen Sie die Kraft des Lächelns noch eine Weile ... und kehren Sie dann in Ihrem eigenen Tempo zurück in den Raum ... Bewegen Sie Hände und Füße ... und seien Sie wieder hier ... erfrischt und wach.

Sprechen Sie Bedürfnisse und Gefühle aus

Oft verlieren wir Kraft, weil es in unserem Inneren brodelt und kocht. Wir fühlen deutlich, dass etwas nicht stimmt, aber wir verstehen nicht genau, was es ist, und sind verwirrt und hilflos.

Gönnen Sie sich eine kleine Pause. Achten Sie auf Ihren Atem, wie er kommt und geht, ganz von allein.

Fragen Sie sich: Was fühle ich gerade? Und beobachten Sie Ihren Körper dabei. Ihr Körper hat immer Recht und möchte beachtet werden.

Sie spüren vielleicht eine Enge im Brustraum, ein Grummeln in der Magengegend oder Schmerzen im Nackenbereich. Nehmen Sie alles wahr, ohne es zu bewerten. Sagen Sie zu sich selbst: »Das ist jetzt Ärger (oder Wut oder Enttäuschung).«

Nehmen Sie Ihr Gefühl wahr, und benennen Sie es.

Spüren Sie nach, was Ihnen jetzt, in diesem Moment, fehlt, was Ihnen gut tun würde. Sagen Sie zu sich selbst: »Ich brauche jetzt eine Pause« oder »Ich sehne mich nach einem Spaziergang«.

Geben Sie sich ein wenig Mühe, um herauszufinden, was Sie wirklich brauchen. Und dann sprechen Sie es aus, wenn Sie mit Menschen zusammen sind:

- »Ich habe das Bedürfnis nach Ruhe.«

- »Ich möchte respektiert werden.«

- »Ich habe das Bedürfnis nach Anerkennung für all die Mühe, die ich mir mache.«

Es wird häufig vorkommen, dass Ihre Bedürfnisse nicht sofort berücksichtigt oder erfüllt werden. Das gehört zur Last des Erwachsenseins. Sind sie aber erst einmal benannt, lassen sich eher Wege finden, ihnen gerecht zu werden, denn im Volksmund heißt es: »Wenn ich nicht weiß, in welchen Hafen ich segeln will, ist kein Wind der richtige.«

Dankbarkeit

Dankbarkeit ist die Wachsamkeit der Seele gegen die Kräfte der Zerstörung, so heißt es. Wenn wir täglich dankbar überdenken, welcher Reichtum und welche Fülle uns umgibt, können wir daraus sehr viel Kraft schöpfen.

Amerikanische Forscher haben herausgefunden, dass dankbare Menschen zufrieden sind, Vitalität und Wohlbefinden ausstrahlen und meist optimistisch gestimmt sind. Sie sind weit weniger anfällig für Depressionen, Angststörungen und Aggression als materialistisch orientierte Zeitgenossen (nach: *Psychologie heute*, Heft Mai 2002, Seite 14).

Es tut gut, seine Aufmerksamkeit auf das zu richten, was wir im Alltag so leicht übersehen: Gesundheit, Nahrung, Kleidung, Freude über viele Dinge, die das Leben erleichtern und verschönern. Sehen Sie sich um: in Ihrer Familie, in Ihrer Wohnung, in Ihrer Straße. Gibt es etwas, für das Sie ehrlich dankbar sind?

Dankbarkeit ist jedoch nichts, was sich durch moralischen Druck erreichen lässt. Deshalb möchte ich Sie wahrhaftig nicht dazu überreden. Stellen Sie sich aber ab und zu abends die Frage: »Wofür kann ich heute dankbar sein?« Und prüfen Sie nach, wie sich das anfühlt! Dankbarkeit ist ein freudiges, starkes Gefühl. Dankbarkeit ist mit Freude verknüpft, und sie ist dann besonders groß, wenn sie uns von einem anderen Menschen geschenkt wird. Wenn ich mir selbst etwas Gutes tue, werde ich keine Dankbarkeit empfinden. Wenn jedoch ein anderer Mensch etwas für mich tut – und sei es, dass er mir sein strahlendes Lachen schenkt – bin ich dankbar, weil mir

Mit sich selbst ins Reine kommen

freiwillig etwas geschenkt wurde. Dankbarkeit geht vom Herzen aus und führt zu Vertrauen. Wenn mir jemand freiwillig etwas gibt, bin ich es wert.

In anderen Kulturen haben Menschen zu Hause und im Dorf kleine Altäre oder Tempel, an denen sie ihre Dankbarkeit zum Ausdruck bringen. In Thailand zum Beispiel werden von jeder Familie kleine Blumenketten in Pagoden gehängt. Die *Chenchu*, ein Stamm, der in Südindien lebt, werfen nach der Rückkehr vom Nahrungsammeln stets eine Hand voll Wurzeln und Früchte in den Busch zurück und sprechen dabei:»Unsere Mutter, durch deine Güte haben wir gefunden. Ohne dich empfangen wir nichts. Dafür danken wir dir.« Die *Lakota*, ein nordamerikanischer Indianerstamm, veranstalten nach jeder Schwitzhütte ein rituelles Mahl. Von jeder Speise werden kleine Mengen auf einen Teller gegeben und für die Geister in die Natur gestellt. In Schweden stellte man Grütze für die Hausgeister vor die Tür.

Auch solche Rituale geben Kraft.

Wenn Sie Dankbarkeit verspüren, überlegen Sie, wie Sie sie zum Ausdruck bringen können. Sie könnten zum Beispiel ein Mandala aus Blüten und Früchten auf den Erdboden legen, einen Blumenstrauß vor eine Marienfigur stellen oder ganz bewusst eine Kerze anzünden.

Eine andere Möglichkeit ist, etwas zu spenden oder jemandem zu helfen.

Astrid Lindgren beschreibt in ihren von mir sehr geliebten Büchern die Selbstverständlichkeit, mit der die einfachen Bauernfamilien im damaligen Schweden die Armen unterstützten – und die Vögel im Winter: Michel aus Lönneberga bringt Essen ins Armenhaus, die Kinder aus Bullerbü unterstützen Kristin im Waldhaus, und Madita hilft den Nilssons von nebenan wo sie nur kann. Zu Weihnachten bekommen die Vögel eine Hafergarbe in die Bäume gehängt.

Ich glaube, es tut gut, in der Familie solche Rituale der Dankbarkeit aufleben zu lassen und Kraft daraus zu ziehen.

Worte der Kraft

In Beziehungen – gerade wenn sie eng sind – kann man sich mit Worten sehr leicht verletzen. Worte können Messer sein, die uns Wunden zufügen, oder Mauern, die uns trennen, aber auch Brücken, die uns mit unserem Gegenüber verbinden.

Vielleicht haben Sie auch schon einmal die Erfahrung gemacht, dass Ihnen Worte Kraft gaben. Meine Großmutter hatte die Gabe, Sätze auszusprechen, die bis heute in mir nachklingen. Ich hänge mir selbst immer wieder Zettel mit wichtigen Sätzen in die Küche oder neben mein Bett. Ich lese sie nicht nur, sondern spreche sie laut vor und sage sie innerlich auf. Meine Erfahrung ist, dass gerade die laut ausgesprochenen Sätze große Wirkung zeigen. Begeben Sie sich auf die Suche nach Sätzen, die Ihnen Kraft geben. Das können auch Gedichte, Sinnsprüche oder Bekräftigungen sein. Hier meine Auswahl:

- Ich danke dir, dass du mich kritisiert hast. Ich werde darüber nachdenken.
- Ich bin nicht auf der Welt, um so zu sein, wie du mich haben willst.
- Ich habe dich zum Mann gewählt, ich habe dich zum Mann bekommen. Ich übernehme meinen Teil der Verantwortung, übernimm du den deinen.
- Ich vertraue darauf, dass alles einen Sinn hat.
- Ich bin bereit, Schmerz zu ertragen, ohne anderen die Schuld zu geben.
- Ich erkenne, dass Realität durch Gedanken, Worte und Taten erschaffen wird.
- Ich akzeptiere, was ist.
- Lächeln und Lachen sind die Pforten, durch die viel Gutes in den Menschen hineinschlüpfen kann.
- Ich bin das Licht der Welt.
- Tue alles, was du tust, mit Liebe.

Auszeiten

Im Sport ist es gang und gäbe: Manche Spieler werden für eine Weile auf die Bank gesetzt. Sie können dann später mit frischer Kraft wieder ins Spiel eingreifen.

Wenn wir uns in eine Situation »verrannt« haben und nicht mehr weiter wissen, wenn wir durchzudrehen drohen oder einfach eine Pause brauchen, sind Auszeiten sinnvoll.

John Gray empfiehlt Auszeiten für Kinder, die nicht tun, worum man sie – aus gutem Grund – bittet. Anstatt sie zu strafen, sollte man sie in ihr Zimmer schicken, wo sie so viele Minuten bleiben müssen, wie sie alt sind. Auszeiten geben die Möglichkeit, zur Ruhe zu kommen und auf diese Weise eine schwierige Situation zu überdenken.

Ab und zu brauchen auch Eltern eine Auszeit. Das kann eine Pause von zwanzig Minuten sein, in der man sich aufs Bett legt, ein mehrstündiger Spaziergang, ein Wochenende der Stille oder gar eine mehrwöchige Kur. Auch der Besuch einer kulturellen Veranstaltung oder ein Rendezvous mit dem eigenen Mann in einem schönen Restaurant sind Auszeiten.

Die Länge der Auszeit ist von der eigenen Verfassung und dem Alter der Kinder abhängig. Ich empfehle Eltern, nicht über Nacht wegzubleiben, solange das Kind nicht verstehen kann, wo Sie sind und was Sie tun.

Im zweiten oder dritten, ganz sicher aber im vierten Lebensjahr können Sie Ihrem Kind erklären, wohin sie fahren und warum. Wichtig ist natürlich auch die Beziehung zu der Betreuungsperson. Eine Auszeit kann nur gelingen, wenn die Kinder optimal versorgt sind. Bei Kindern unter drei Jahren kommt außer dem Partner oder anderen Verwandten, die das Kind gut kennen und mögen, nur eine zuverlässige Person in Frage, zu der das Kind eine stabile Bindung aufgebaut hat. Drei- bis sechsjährige Kinder gewöhnen sich schneller an nette Menschen – aber auch hierbei spielt Sympathie eine große Rolle. Freunde aus dem Kindergarten und deren Eltern können durchaus eine Ersatzfamilie auf Zeit bilden. Ein gebastelter Abreißkalender, ein Abschiedsgeschenk in Form einer besprochenen Kassette mit Gute-Nacht-Geschichten oder Mamas Halstuch helfen älteren Kindern, die Zeit zu überbrücken und gestärkt daraus hervorzugehen.

Sofern sie in der Nähe wohnen, kommen natürlich auch die Großeltern als Betreuungspersonen in Frage. Es gibt Großeltern, die wunderbare Ersatzeltern sind, aber das ist nicht automatisch so. Die Beziehung zwischen Enkeln und Großeltern muss sich entwickeln, und Sie sehen ja selbst, welche Qualität die Beziehung hat. Ich kenne jedoch viele Erwachsene, die sich zeitlebens von ihrer liebevollen Großmutter oder ihrem kumpelhaften Großvater verstanden und angenommen fühlten und eine ganz besondere Beziehung zu ihren Großeltern hatten.

Auszeiten können aber auch mehr Streß als Erholung mit sich bringen, wenn sie nicht sorgfältig vorbereitet werden. Meine Nichte war erst eineinhalb, als meine Schwester mit ihrem Mann eine Wochenendreise nach Amsterdam plante. Das kleine Mädchen war mit ihren Eltern bei uns zu Hause und vergnügt und ausgeglichen wie immer. Auch die spätere Abwesenheit der Eltern schien ihr nichts auszumachen. Als die beiden jedoch glücklich von ihrer Fahrt zurückkehrten, war das Kind wie ausgewechselt. Es konnte monatelang abends nicht einschlafen und schrie außer sich vor Angst, die Eltern könnten es wieder verlassen. Das Einzige, was schließlich half, war, das Kind ins Auto zu setzen und mit ihr herumzufahren, bis sie eingeschlafen war.

Auch habe ich oft von Müttern gehört, dass eine Kur, die sie ohne Kinder genehmigt bekamen, hinterher den Stress nur vergrößerte. Denn für beide Seiten war es schwierig, sich im Alltag wieder aneinander zu gewöhnen, weil Wut und Schuldgefühle zwischen der Mutter und den Kindern standen.

In den allermeisten Fällen helfen Auszeiten jedoch, mit Freude wieder aufeinander zuzugehen und mit frischer Kraft die alltäglichen Probleme zu bewältigen.

Auszeiten

Wüstentag

Nicht nur Jesus, Mohammed und Buddha, sondern auch ganz gewöhnliche Menschen haben erfahren, welche Kraft man aus einem Aufenthalt in der Wüste ziehen kann. Nun werden die wenigsten Eltern kleiner Kinder in der Lage sein, in die Wüste zu reisen. Man kann aber auch so tun als ob ... Heute bieten viele kirchliche Einrichtungen Wüstentage an. Das kann in einem Kloster sein oder in einer Tagungsstätte. Der Ablauf ähnelt sich dabei: Man kappt die Verbindungen zur hektischen Umwelt, kommt zur Ruhe, konzentriert sich auf sich selbst, findet sein inneres Gleichgewicht wieder. Erkundigen Sie sich doch einmal danach. Mein Tipp: Suchen Sie mit Hilfe einer Suchmaschine unter dem Stichwort »Wüstentag« im Internet nach entsprechenden Angeboten in Ihrer Nähe.

Ich selbst stelle mir meinen Wüstentag so vor: Mit einer Flasche Wasser und einer Decke ziehe ich mich irgendwo zurück. Ich ganz allein. Der Ort sollte möglichst schön sein – im Sommer vielleicht ein ruhiger Strand, im Winter ein einfaches, leeres oder schön eingerichtetes Zimmer. Und dort tue ich nichts. Ich bin einfach still und tue nichts. Eine schwierige Übung, nicht wahr?

Vielleicht erlaube ich mir, ein Tagebuch mitzunehmen oder einen Zeichenblock und Stifte, um meine Gedanken, Gefühle, Bedürfnisse und inneren Bilder festzuhalten. Notwendig ist das nicht.

Das Nichtstun in der »Wüste« hilft mir, mich auf das zu besinnen, was wirklich wichtig ist, und das gibt mir Kraft. Lassen Sie sich doch auch einmal überraschen, was Ihnen »in der Wüste« widerfährt.

Klosteraufenthalt

Wenn Ihre Kinder schon so groß sind, dass sie ein paar Tage ohne Sie auskommen, ist vielleicht auch ein Aufenthalt in einem Kloster das Richtige für Sie. Er kostet nicht viel

Geld und bietet die Möglichkeit zu meditativem Rückzug und geistiger Anregung. In dem Buch *Meditieren – wie und wo* von Peter Raab finden Sie Hinweise, Adressen und Anregungen hierzu (siehe Literaturempfehlungen, Anhang Seite 155).

Flucht in die Badewanne

Vielleicht ist Ihnen die Vorstellung einer Wüste unangenehm. Dann sind Sie wohl eher der Wassertyp. Eine Badewanne hat fast jeder, und selbst mit mehreren kleinen Kindern muss es möglich sein, die Flucht in die Badewanne anzutreten. Machen Sie es sich dort besonders schön, und bereiten Sie alles gründlich vor: Dekorieren Sie das Bad mit Blumen, zünden Sie Kerzen an, lassen Sie einen köstlichen Duft verströmen, indem Sie ätherische Öle wie Kamille, Lavendel und Rose oder ein natürliches, duftendes Badesalz benutzen (Bezugsquelle siehe Anhang, Seite 155), und nehmen Sie Ihre Lieblingsmusik mit.

Lassen Sie sich dann ins Wasser gleiten, und stellen Sie sich vor, dass Sie alle Sorgen, Gedanken und Belastungen einfach dem Wasser übergeben. Tauchen Sie unter in der Gewissheit, dass jetzt eine Phase der Ent-Spannung folgt.

Wenn Sie später das Badewasser ablassen, sagen Sie laut: »Mit diesem Wasser fließt meine Spannung davon.« Nehmen Sie sich hinterher noch etwas Zeit zum Einölen und Ausruhen.

Probieren Sie auch einmal aus, wie es sich anfühlt, in völliger Dunkelheit zu baden.

Dunkelheit

Wie Sie wissen, ist beim Yin-und-Yang-Zeichen der schwarze Yin-Teil dem Weiblichen, dem Mond und der Nacht zugeordnet. Ich selbst kenne keine größere Erholung, als in einem dunklen Zimmer zu liegen. Diese Erfahrung habe ich erstmals gemacht, als ich mich zu meinen kleinen Kindern ins Bett legte, damit sie sicher und geborgen einschliefen. Zuerst glaubte ich, das sei »Zeitverschwendung«, und wurde ärgerlich, wenn es zu lange dauerte.

Bald jedoch erfuhr ich, wie gut mir diese abendlichen Pausen bekamen und wie kreativ und ruhig ich daraus hervorging.

Inzwischen weiß ich, dass eine sehr intensive Form von Meditation in absoluter Dunkelheit stattfindet. Und obwohl meine Kinder inzwischen längst selbstständig und erwachsen sind, pflege ich dieses erholsame Ritual noch häufig für mich allein.

Eine sehr einfache Art, Dunkelheit zu erleben, ist die folgende Übung. Sie lässt sich auch am helllichten Tag und überall durchführen.

Reiben Sie die Handflächen aneinander, bis sie warm sind.
Legen Sie nun beide Hände auf die Augen, und atmen Sie weiter.
Richten Sie alle Aufmerksamkeit auf den Atem, und stellen Sie sich dabei Ihren Bauch als Flasche vor, die sich beim Einatmen füllt und beim Ausatmen leert.
Verharren Sie mindestens fünf Atemzüge lang in dieser Haltung, recken und strecken Sie sich anschließend, und fahren Sie dann wie gewohnt in Ihrem Alltag mit frischer Kraft fort.

Mutter-Kind-Kuren

Über das Müttergenesungswerk (Adresse siehe Anhang, Seite 157) können erschöpfte Mütter Kraft tanken. In der Elly-Heuss-Knapp-Stiftung, Deutsches Müttergenesungswerk, sind fünf Trägergruppen zusammengeschlossen: die Arbeiterwohlfahrt, der Paritätische Wohlfahrtsverband, das Deutsche Rote Kreuz, das Diakonische Werk (evangelisch) und der Caritasverband (katholisch). Insgesamt stehen 121 Kureinrichtungen in ganz Deutschland zur Verfügung.

Es gibt Mutter-Kind-Kuren, bei denen die Kinder parallel betreut werden, und Kuren nur für Mütter.

Nachdem ich verschiedene Mütter gesprochen habe, die von solchen Kuren zurückkamen, kann ich sagen: In manchen Einrichtungen haben sich die Mütter wirklich erholt, in anderen war es nicht so toll, besonders dann, wenn mitreisende Kinder sich in der Betreuung nicht wohl gefühlt haben. Bleiben die Kinder gleich zu Hause, kann sich eine Mutter meist auch nur dann erholen, wenn sie weiß, dass es den Kindern wirklich gut geht.

Gerade wenn man kleine Kinder hat, ist es deshalb sinnvoll, genaue Informationen über die jeweilige Einrichtung einzuholen oder Frauen zu fragen, die bereits dort waren.

Wellness-Hotels

Eine leider nicht ganz billige, aber unglaublich erholsame Auszeit ist der Aufenthalt in einem Wellness-Hotel. Dort gibt es gesundes Essen und viele Möglichkeiten, es sich auf gesunde Weise gut gehen zu lassen. Ein Schwimmbad, Sauna, Massagen und andere Anwendungen machen das Verwöhnen möglich und bieten erholsame Alternativen zum Alltagstrott.

Oft werden auch ein Sportprogramm oder Entspannungsübungen wie *Yoga* oder *Tai Qi* angeboten.

Ein Wochenendaufenthalt in einem Wellness-Hotel kann schon ein kleines Wunder bewirken. Ich finde, Sie haben das verdient. Wie wäre es, wenn Sie sich so eine Auszeit zum Geburtstag, zu Weihnachten oder zum Muttertag schenken ließen?

Falls Sie ohne Ihre Familie nicht verreisen können (oder möchten), sind Familienhotels eine attraktive Alternative. Hier werden Kinder gern gesehen, gut behandelt und stundenweise betreut. Adressen erhalten Sie in Ihrem Reisebüro oder über das Internet.

Meditation

Eine alte Zen-Weisheit lautet: Wirf deine Gedanken wie Herbstblätter in einen blauen Fluss. Schau zu, wie sie hineinfallen und davontreiben. Und dann: Vergiss sie. Ein einfaches und zugleich schwieriges Rezept! Dennoch: Meditation ist zweifellos die sicherste, unkomplizierteste und preiswerteste Art des Krafttankens. Ich habe mich immer wieder gefragt, warum trotzdem so wenig Menschen davon Gebrauch machen. Ich glaube, es liegt zum einen daran, dass es in unserer leistungsbezogenen Gesellschaft als unnatürlich empfunden wird, auch einmal »nichts« zu tun. Zum anderen macht Meditation vielen Menschen Angst: Man ist dabei mit sich selbst, seinen Ängsten und seiner Trauer ganz allein – und das ist nicht immer leicht zu ertragen, besonders wenn man gewohnt ist, sich abzulenken.

»Tue nichts – und alles ist getan«, soll Laotse gesagt haben. Ich kann das nur bestätigen: Fast alles gelingt uns leichter und müheloser, wenn wir regelmäßig meditieren. Außerdem bekommen wir während des Meditierens oft wertvolle Hinweise zur Lösung unserer alltäglichen Probleme und verbinden uns mit einer Kraftquelle höchster Qualität. Inspiration ist das Gegenteil von Erschöpfung, habe ich kürzlich gelesen. Wie wahr! Und Inspiration erhalten wir nur in der Stille.

Bedenken Sie auch: Die Konfrontation mit eigenen, vielleicht sogar unangenehmen Gefühlen ist immer zeitlich begrenzt. Je mutiger man diese Gefühle betrachtet, desto eher wird man sie los.

Meditation bedeutet, sich auf die eigene Mitte zu besinnen. Manche Menschen fühlen ihre Mitte im Bauch, andere im Herzen. Buddha bezeichnete das Meditieren als die Kunst, »mit aufnahmebereitem Herzen zu lauschen«. Mir gefällt diese Formulierung sehr gut, denn lauschen ist etwas Wunderbares und setzt voraus, dass es sich lohnt. Wem oder was lauschen wir da? Universum bedeutet so viel wie »das eine Lied«. Lauschen wir also der Melodie des Kosmos!

Wenn wir »in unserer Mitte sind«, fühlen wir uns wohl. Die Mitte ist heilsam. Ich finde zu ihr, indem ich still werde und eine Haltung einnehme, die das begünstigt:

- Der Rücken sollte gerade sein.
- Sie können auf Ihren Fersen sitzen oder im Schneidersitz.
- Auch ein Stuhl oder Sessel, solange Ihre Füße guten Kontakt zum Boden haben, eignet sich zum Meditieren.
- Setzen Sie sich hin, und tun Sie nichts weiter, als auf Ihren Atem zu achten, wie er kommt und geht, ganz von allein.

Meditation ist der Prozess, in dem wir lernen, unser Leben mit Achtsamkeit und Gewahrsein zu füllen und ganz bei dem zu sein, was *jetzt* gerade ist.

Manche bezeichnen Meditation auch als Gedankenkontrolle. Indem wir lernen, unsere Gedanken zu beobachten, bekommen wir Einfluss auf sie und können sie erziehen wie junge Hunde. Die selbstquälerischen, sorgenvollen Gedanken können wir vor die Tür setzen, und die nützlichen und tröstlichen zu alltäglichen Begleitern werden lassen. Die größte Kraft jedoch ziehen wir aus der Leere, den Pausen zwischen den Gedanken, die beruhigen und stärken.

Laotse schrieb dazu im *Tao-te-ching*: »Dreißig Speichen gehören zu einem Wagenrad, doch erst durch das Nichts in der Mitte kann man sie verwenden; man formt Ton zu einem Gefäß, doch erst durch das Nichts im Innern kann man es benutzen; man macht Fenster und Türen für das Haus, doch erst durch ihr Nichts in den Öffnungen erhält das Haus seinen Sinn. Somit entsteht der Gewinn durch das, was da ist, erst durch das, was nicht da ist.« (zitiert nach: Li Zhi-Chang, S. 161; siehe Literaturempfehlungen, Anhang Seite 155)

Indem ich zu meiner Mitte finde, schließe ich mich an eine Kraftquelle an, genauso wie eine verbrauchte Batterie. »Seid euch selbst ein Licht«, soll Buddhas letzter Rat an seine Schüler gewesen sein. Dieses Licht finden Sie in Ihrer Mitte. – was hält Sie noch davon ab, sich auf die Suche zu begeben?

Es empfiehlt sich, täglich ungefähr zwanzig Minuten zu meditieren. Zahlreiche wissenschaftliche Untersuchungen haben bestätigt, dass tägliches Meditieren zu stabiler Gesundheit, hoher Konzentrationsfähigkeit und gutem Schlaf führt.

Meditieren: Umgang mit Störungen

Die meisten von uns können nur müde lächeln, wenn sie in Meditationsbüchern lesen, man solle eine möglichst störungsfreie Zeit zum Meditieren wählen – wenn das doch so einfach wäre! Menschen, die mit Kindern zusammenleben, haben in der Regel keine störungsfreie Zeit. Irgendein Kind schreit immer, der Briefträger klingelt, die Waschmaschine piept, und das Essen brennt an!

Gern würden wir jede Störung beseitigen, aber je mehr wir uns darum bemühen, desto weniger gelingt es uns.

Sinnvoll ist es dagegen, jede Störung anzunehmen, wie sie ist. Heißen wir sie willkommen! Das, was wir bekämpfen, verfolgt uns ein Leben lang. Was wir jedoch annehmen und akzeptieren, kann sich verwandeln. Ich mache Störungen daher lieber zu meinen Freundinnen. Ich lerne von ihnen und mit ihnen.

Man kann einem Kind ab einem bestimmten Alter erklären, dass man nicht gestört werden möchte. Wenn es dann aber auf der Treppe stolpert und hinfällt oder sich schneidet, müssen wir uns stören lassen.

Wer häufig gestört wird, macht die Erfahrung, dass Störungen uns helfen, uns noch tiefer zu entspannen und schneller wieder in das stille Nirgendwo mitten in uns zurückzufinden.

Meditation

Wir können auch üben, uns nicht über zu viel zu ärgern. Denn: Ist es das immer wert?

Vielleicht hilft Ihnen auch, noch gründlicher nach störungsfreien Zeiten zu suchen, die Sie bisher für andere Dinge genutzt haben, oder sich entschiedener für sich selbst und Ihre störungsfreie Zeit einzusetzen.

Auf diese Weise helfen Störungen auch, etwas zu verändern oder sich in Geduld zu üben.

Der aus Indien stammende international bekannte Arzt Deprak Chopra hat seinen Kindern mit vier Jahren beigebracht, wie man meditiert. Er hielt diese Fähigkeit sowie die Suche nach einer Lebensaufgabe für wichtiger als gute Schulleistungen und einen gut bezahlten Arbeitsplatz. Tatsächlich hat die Meditation den inzwischen erwachsenen Kindern geholfen, beides zu erreichen.

Meditation gibt Kraft. Und weil diese Kraft in unserer Mitte beheimatet ist, lässt sie sich nicht zerstören.

Bedingungslose Liebe: eine besondere Meditation

Die folgende Meditation lebt von den Gesten bzw. Haltungen, mit denen sie verbunden ist. Sie ist ganz einfach. Lesen Sie den folgenden Text jedoch zunächst einmal ganz durch, bevor Sie mit dem Meditieren beginnen.

1. Mitgefühl und Gegensätze
Unsere Leiden und Wunden werden nur geheilt, wenn wir sie voller Mitgefühl berühren.

Buddhas kleines Weisungsbuch

In unserer Welt gibt es sehr viel Leid. Alles Gute und Schöne hat eine Schattenseite. Und wir könnten das eine nicht ohne das andere wahrnehmen. Schauen Sie auf alles Leid, auf eigenes und auf fremdes, und nehmen Sie es als gegebene Realität an. Alles ist vergänglich. Wenn Ihr Herz vom Schmerz berührt wird, entsteht Mitgefühl.

Mit jedem Ausatmen lassen wir Mitgefühl für alle leidende Kreatur und für uns selbst durch unseren Körper strömen.

Dabei können Sie folgende Sätze denken:
Mögest du frei von Schmerz und Kummer sein.
Mögest du in Frieden leben.
Möge ich frei von Schmerz und Kummer sein.
Möge ich in Frieden leben.

Es kann auch hilfreich sein, beim Einatmen »Ahhhh« zu denken – für alles Staunen über die Schönheit der Welt, und beim Ausatmen »Ohhh« – in der Gewissheit, das alles Schöne vergänglich ist.

Zeigen Sie Mitgefühl für alles, auch für Ihre vermeintlichen Fehler und Schwächen, und beurteilen oder verurteilen Sie nichts.

Spüren Sie die Freundlichkeit Ihres Herzens.

Nehmen Sie Ihren Atem wahr, und stellen Sie sich vor, dass Sie mit jedem Atemzug den Schmerz berühren und Mitgefühl ausatmen können.

Wünschen Sie mit jedem Atemzug allen Lebewesen Gutes, und schenken Sie ihnen Ihr fürsorgliches, mitfühlendes Herz. Bleiben Sie still sitzen, und lassen Sie Ihr Herz als Zentrum des Mitgefühls inmitten dieser Welt ausruhen.

Bringen Sie sich für diese Meditation in eine entspannte sitzende Haltung am Boden. Halten Sie dabei Ihre beiden Handflächen ungefähr in Höhe des Herzens einander zugewandt im bequemen Abstand von ungefähr einem halben Meter.

Bestimmen Sie selbst, wann Sie zur nächsten Phase überwechseln.

2. Stille und Einheit
Lass deinen Geist still und klar werden, wie ein Teich im Walde.   **Buddhas kleines Weisungsbuch**

Legen Sie jetzt beide Handflächen vor dem Herzen aneinander.

Gedanken und Gefühle wühlen uns oft auf wie ein Sturm die See. Wenn wir alles, was uns innerlich beschäftigt und bewegt, loslassen, kann Stille einkehren. Die Wasseroberfläche wird spiegelglatt, das Wasser klar.

Wir können uns zufrieden und eins mit der Welt fühlen – wenigstens für einen kurzen Augenblick. Jetzt. Stille kehrt ein, wenn wir den Alltag hinter uns lassen, uns von allen Sorgen befreien und eins werden mit allem, was ist.

Lassen Sie alle aufziehenden Gedanken vorbeiwandern wie eine Karawane am Horizont. Beginnen Sie auf die Pausen zwischen den Gedanken zu achten, und spüren Sie, wie diese wohltuenden Pausen länger werden können.

3. Zu dir nach Hause kommen

An manchen Tagen kommen wir uns wie in der Fremde vor. Wenn unser Herz sich öffnet, werden wir einsehen, dass wir genau hierher gehören. **Buddhas kleines Weisungsbuch**

Überkreuzen Sie die Arme vor Ihrem Körper, und berühren Sie die Schultern mit Ihren Händen.

Nehmen Sie sich selbst so an, wie Sie sind. Genau so sind Sie in Ordnung. Akzeptieren Sie alles, was nicht perfekt an Ihnen ist. Wir sind auf der Welt, um Fehler zu machen. Umarmen Sie das innere Kind, das ein Teil von Ihnen ist. Es ist liebenswert und in Ordnung, genau wie Sie selbst. Immer wieder wurde uns beigebracht, dass wir anders sein sollen: besser, perfekter, liebevoller, zuverlässiger, verantwortungsbewusster … Wir alle sind auf der Welt, um wir selbst zu werden. Wir haben ein Recht auf unsere Gefühle, die weder falsch noch richtig sind. Es gibt sie, und sie haben das Recht, da zu sein. Der Versuch, sie zu unterdrücken, führt nur dazu, Teile von uns zu unterdrücken. Sich selbst annehmen heißt aber nicht, unbedingt das zu tun, was unser Gefühl uns eingibt. Wir haben die Möglichkeit, uns anders zu entscheiden.

In der Meditation beobachten wir unsere Gefühle, ohne sie zu bewerten.

Meditation

Wir überwinden die Spaltung in Gut und Böse und akzeptieren uns so, wie wir sind.

4. Bedingungslose Liebe

Suche keine Vollkommenheit in einer sich wandelnden Welt. Vervollkommne stattdessen deine Liebe.

Buddhas kleines Weisungsbuch

Legen Sie nun Ihre geöffneten Handflächen auf Ihre Knie. Bedingungslose Liebe ist alles, was wir und unsere Kinder brauchen. Das Kind in uns braucht sie ebenso wie die erwachsene Frau, die wir heute sind. Unser Partner braucht sie und unsere Freunde auch. Es gibt wohl nichts, wonach Menschen sich mehr sehnen. Bedingungslose Liebe erfahren wir von Gott. Gott ist reine liebende Energie.

In der Meditation können wir hinter die Kulissen unseres täglichen Dramas schauen und erkennen, dass es weit mehr gibt als das, was wir vordergründig wahrnehmen. Auch wenn Sie die bedingungslose Liebe vielleicht heute noch nicht spüren können. Beobachten Sie einfach, was geschieht, wenn Sie diesen Teil der Meditation ausführen. Bedingungslose Liebe bewertet nicht, sie ist.

Kleine Meditationen für den Alltag

Bäuchlings

Legen Sie sich auf den Bauch, und strecken Sie die Beine in einem angenehmen Abstand aus. Die Zehen zeigen nach außen.

Verschränken Sie die Arme – die Hände liegen auf den Oberarmen –, und legen Sie die Stirn auf die Unterarme. Stützen Sie sich mit den Ellenbogen so ab, dass Ihre Brust nicht den Boden berührt.

Konzentrieren Sie sich jetzt auf die Atmung. Atmen Sie langsam und tief aus, bis die Luft aus den Lungen entwichen ist. Spüren Sie, wie sich die Bauchmuskeln in Richtung Bo-

den bewegen. Atmen Sie nun langsam wieder ein. Wiederholen Sie dieses Aus- und Einatmen mindestens acht Mal, und kehren Sie dann erfrischt in Ihren Alltag zurück.

Meine Hände
Setzen Sie sich bequem hin, und atmen Sie ruhig ein und aus. Legen Sie Ihre beiden Hände mit den Handkanten an die Leisten, so dass die Handflächen nach oben zeigen. Konzentrieren Sie sich nun auf die Spitzen Ihrer Mittelfinger. Wechseln Sie ungefähr nach einer Minute zu den Zeigefingern und von dort zu den Ringfingern, dann zu den Daumen und zum Schluss zu den kleinen Fingern. Vielleicht spüren Sie schon jetzt eine leichte Wärme oder ein Gefühl der Ausdehnung. Stellen Sie sich vor, dass durch Ihre Fingerspitzen frische Kraft in Ihren Körper strömt und sich dort ausdehnt. Genießen Sie diesen Zustand für eine Weile, und kehren Sie dann erfrischt und wach zurück in den Alltag.

Durch die Füße atmen
Setzen Sie sich – ohne Schuhe und in dicken Socken – bequem hin, und achten Sie auf Ihren Atem, wie er kommt und geht, ganz von allein. Achten Sie darauf, dass beide Füße guten Kontakt zum Boden haben – eventuell müssen Sie ein Buch oder ein Kissen unterlegen. Stellen Sie sich die Fläche des Fußballens vor und beschreiben Sie in Gedanken Kreise um die Fußballen. Halten Sie an dieser Vorstellung mindestens sechs Minuten lang fest. Stellen Sie sich dann vor, Sie würden durch die Fußsohlen ein und ausatmen. Verharren Sie für mindestens weitere sechs Minuten bei diesen Gedanken, und kehren Sie dann erfrischt und wach zurück.

Eine ruhige Kugel schieben
Setzen Sie sich bequem hin, und achten Sie auf Ihren Atem, wie er kommt und geht, ganz von allein.

Stellen Sie sich nun Ihre Kniegelenke vor. Stellen Sie sich vor, sie wären Kugeln aus weißem Licht. Stellen Sie sich vor, sie könnten diese Kugeln sanft drehen.

Übertragen Sie diese Übung dann auf Ihre Fußgelenke, Hüftgelenke, Schultergelenke, Ellenbogen und die kleinen Gelenke an Fingern und Zehen.

Üben Sie, so lange Sie können, und kehren Sie dann zurück, erfrischt und wach.

Lesen beflügelt die Phantasie

Ein gutes Buch verleiht uns Flügel … Wie die Leseerfahrungen vieler Menschen bestätigen, haben die Werbestrategen mit dieser Botschaft offensichtlich ins Schwarze getroffen. Was also sollte uns davon abhalten, unserer Phantasie mal wieder auf die Sprünge zu helfen – zum Beispiel mit einem Märchenbuch!

Märchen

Märchen können uns im Leben auf vielfältige Weise helfen. Sie enthalten eine Weisheit, die es mit ihren phantasievollen Urbildern immer wieder schafft, uns Kraft zu geben oder Lösungen für Probleme sichtbar zu machen.

Märchen wirken direkt auf unsere Seele. Wir müssen sie nicht interpretieren oder deuten, sondern nur zulassen.

Lesen Sie ein Märchen, das Sie anspricht, immer wieder. Lesen Sie Ihren Kindern deren Lieblingsmärchen vor. Lassen Sie Ihre inneren Bilder, die zu den einzelnen Märchenfiguren oder Szenen aufsteigen, zu.

Vielleicht haben Sie Freude daran, zu den Märchen zu malen oder sie mit Figuren nachzuspielen.

In einer Gruppe oder großen Familie können Sie die Märchen mit wenigen Requisiten sogar als »Theaterstück« aufführen. Dabei kommt es nicht auf Wort- oder Handlungstreue an, sondern auf das Tun selbst und auf die Art und Weise, wie sie sich einbringen. Losen Sie die Rollen aus – allein das sorgt für kraftspendende Überraschungen! Wie fühlt es sich an, wenn Sie als gute Mutter auf einmal in der Rolle der schrecklichen Stiefmutter stecken? Oder wenn Sie sich vergeblich ein Kind wünschen und dann einen Lindwurm gebären? Aber keine Bange – jedes Märchen geht gut aus, denn es gibt immer eine Lösung! Ich habe in den letzten Jahren immer wieder Märchenrollen gespielt und dabei sehr viel über mich erfahren. Und gerade aus den Rollen, die meinem alltäglichen Leben entgegengesetzt waren, konnte ich sehr viel Kraft schöpfen und Stärke gewinnen.

Belletristische Literatur

Ein Freund meines Sohnes steckte neulich in einer mittelschweren Lebenskrise. Die beiden trafen sich zum Erfahrungsaustausch in Liebesdingen, und weil mein Sohn Germanistik studiert, fragte der Freund: »Kannst du mir nicht was zur Problemlösung aus der Literatur empfehlen?«

Was für eine gute Idee! Es gibt so gut wie kein Problem, das nicht in der Weltliteratur behandelt worden ist. Fragen Sie Ihren Buchhändler!

In unserem Zusammenhang aber sind mir die vielen Schriftstellerinnen wichtig, die selbst Kinder haben und darüber schreiben. Tränen lachend habe ich mich in manchem Buch wiederentdeckt – literarisch kann Chaos ja sehr witzig sein.

Manche AutorInnen schreiben bekanntlich auch für Kinder, und es gibt zahlreiche Bücher, die Sie enorm stärken und beim Lesen oder Vorlesen in eine fröhliche Stimmung versetzen. Mir geht es mit den Büchern von Astrid Lindgren so. Ich lese sie immer und immer wieder gern.

Ich erinnere mich auch, wie gut es mir tat, auf Spielplätzen immer einen Roman dabei zu haben. So wurde ich auch nicht ungeduldig, wenn meine Kinder sehr lange in einer Pfütze rühren wollten oder unbedingt eine Ameise beobachten mussten, die aus der Steinritze hervorgekrochen kam.

Wenn Sie Kraft tanken wollen, ist natürlich nicht jede Literatur geeignet. Ebenso wie es kraftraubende Bilder gibt, gibt es auch Bücher, die ihre LeserInnen erschüttern und schwächen. Die sollten Sie sich für »starke Zeiten« zurücklegen.

Lassen Sie sich in Ihrer Stadtbücherei oder Buchhandlung beraten und wählen Sie vor allem ein Format, dass Sie stets in der Manteltasche mit sich führen können.

Schreiben erleichtert die Seele

Falls Schreiben bei Ihnen Erinnerungen an Schule und Diktate auslöst – vergessen Sie das Thema! Allen anderen rate ich: Schreiben Sie mal wieder! Schreiben macht Spaß und gibt Kraft, besonders wenn man es ohne nachzudenken tut. Probieren Sie es einmal aus, indem Sie sich ein Blatt Papier nehmen und einfach aufschreiben, was Ihnen in den Kopf kommt. Schreiben Sie ohne Pause und ohne innere Zensur – Sie werden überrascht sein, was dabei herauskommt! Auf diese Weise kann man sich wirklich Kummer von der Seele schreiben und sogar Antworten auf Fragen finden, die einen seit langem umtreiben. Man muss sich nur hinsetzen, zum Stift greifen und damit beginnen – der Rest stellt sich von selbst ein!

Für dieses »automatische« Schreiben sollten Sie Papierformate verwenden, die mindestens die Größe DIN A4 erreichen sowie einen Stift bzw. Füller, der wirklich über das Papier »fliegt«.

Wenn Sie ohnehin gern schreiben und sich auch Zeit dafür nehmen, dann versuchen Sie es doch einmal mit einem speziellen Kraft-Tagebuch. Es fängt schon damit an, dass Sie den Umschlag liebevoll selbst gestalten oder sich ein besonders schönes Buch mit unbeschriebenen Seiten in einer »Papeterie« kaufen.

Allein mit sich selbst

Schreiben Sie dann Ihre eigene Gedanken hinein, aber auch Sprüche, die Ihnen helfen, und Situationen, die Sie aus der Bahn geworfen haben. Wenn Sie das alles später nachlesen, können Sie Ihre eigene Entwicklung verfolgen und sich auch an die Kraft erinnern, die Sie aus Worten, Taten oder Gedichten gezogen haben.

Kraft gibt auch das Schreiben so genannter *Listen*. Wählen Sie eine geeignete Überschrift, und legen Sie los:

- 100 Dinge, die mir an meinen Kindern gefallen.
- 100 Dinge, die mir Kraft geben.
- 100 Dinge, die mich glücklich machen.
- 100 Dinge, die ich liebe.

Viele Mütter führen ein Tagebuch, in das sie ihre Erlebnisse mit Kindern hineinschreiben. Liest man diese Aufzeichnungen Jahre später, ist man nicht selten erstaunt und überrascht. Denn in der Rückschau stellt sich eine Situation oft ganz anders dar als zum Zeitpunkt des unmittelbaren Erlebens.

Indem wir uns unsere Erfahrungen und Erlebnisse von der Seele schreiben, gewinnen wir Kraft. »Eindruck braucht Ausdruck«, heißt es so schön. Wichtige und belastende Erlebnisse können zu erheblichen Stressfaktoren werden, wenn wir mit niemandem darüber reden. Schreiben ist eine Art, sich auszudrücken und Erlebnisse von verschiedenen Seiten zu beleuchten – ganz so, als würden wir sie mit unserer besten Freundin bereden. So wird das Tagebuch für viele Frauen zu einem guten Freund in allen Lebenslagen.

Probieren Sie doch einmal Folgendes aus:

Erinnern Sie sich an fünf Menschen, die Ihnen aufgrund ihres fürsorglichen, gütigen und weisen Verhaltens im Leben Kraft gegeben haben. Verfassen Sie dann ein Porträt über jede dieser Personen, indem Sie sie beschreiben, Ihre gemeinsame Zeit beleuchten und wichtige Verhaltensweisen oder Erlebnisse schildern.

> ## Viele sinnvolle Anregungen zum Schreiben finden Sie bei:
>
> *Elisabeth Mardorf:* Ich schreibe täglich an mich selbst. Im Tagebuch die eigenen Stärken entdecken. München: Kösel 1999
>
> *Lutz von Werder* und *Barbara Schulte-Steinicke:* Schreiben von Tag zu Tag. Wie das Tagebuch zum kreativen Begleiter wird. Übungen für Einzelne und Gruppen. Düsseldorf: Walter Verlag 1998

Farben beleben

Nicht nur schlechtes Wetter macht den Winter manchmal so schwer erträglich. Es ist auch der Mangel an Farben. Farben haben eine starke Wirkung auf unser Wohlbefinden und beeinflussen unsere Stimmung auch im Alltag. Nach chinesischer Vorstellung sind Farben – vor allem die, die in der Natur vorkommen – sichtbare Lebensenergie, *Qi.* Dort sagt man: Der richtige Farbton lässt den Körper aufblühen.

Sicherlich haben Sie auch schon beobachtet, dass manche Farben uns anziehen und manche uns geradezu abstoßen. Ein bestimmtes Grün zum Beispiel erinnert viele Menschen mit traumatischen Schulerfahrungen an schreckliche Wandtafeln, vor denen sie schutzlos der Allmacht des Lehrers ausgeliefert waren, während ein zartes Lindgrün fast jeden an Frühling und Ausflüge bei sonnigem Maiwetter erinnert.

Als ich auf die Fünfzig zuging, hatte ich plötzlich einen starken Bezug zu Purpurrot – einer Farbe, der ich zuvor kaum Beachtung geschenkt hatte. Ich stellte fest, dass diese Farbe mir Kraft gibt und achte jetzt darauf, dass ich immer etwas Purpurrotes in meiner Nähe habe. In einem Farbtest von Johannes Schneider heißt es über diese Farbe:»Wie ein unaufhaltsamer Strom von geballter Kraft kommt diese Farbe dem Auge des Betrachters entgegen ... Psychologisch entspricht Purpurrot dem erregenden Impuls ...«

Auch anderen Farben werden positive Eigenschaften zugeschrieben:

- Ein sonniges Gelb stimmt uns heiter.
- Ein wohltuendes Blattgrün stärkt unser Herz und wirkt ausgleichend und erholsam.
- Rot und Orange in kleinen Mengen regen uns an, steigern die Aktivität und die Lebensfreude.
- Azurblau erinnert an Himmel, Ruhe und Zeit zum Träumen.
- Ein dunkles Blau verlangsamt den Puls und senkt den Blutdruck, wenn man es lange betrachtet.

Wenn Sie sich kraftlos fühlen, holen Sie doch Ihre Tuschfarben hervor, und experimentieren Sie damit. Welche Farbe gefällt Ihnen heute? Woran erinnert sie Sie? Welche Einladung spricht diese Farbe aus? Was möchten Sie damit anfangen?

Oder Sie gehen in ein Papiergeschäft und besorgen sich Bögen aus Tonpapier in Ihren Lieblingsfarben ... oder Briefpapier ...

Vielleicht haben Sie auch Lust, sich Wolle in dieser Farbe auszusuchen oder ein Seidentuch oder Stoff, weil Sie sich neue Vorhänge nähen wollen oder einen Kissenbezug.

Meine Freundin Rona färbt ihre Garderobe um, wenn Sie Lust auf eine neue Farbe hat, oder sie streicht ihre Küche anders.

Überprüfen Sie einmal Ihre Wohnung auf Farben. Vielleicht brauchen Sie nur eine neue Tischdecke oder rote Kerzen oder ein Poster mit viel Grün.

Farben geben uns aber auch allein in der Vorstellung viel Kraft. Versuchen Sie es einmal mit folgender Übung:

Setzen Sie sich bequem hin, schließen Sie die Augen, und denken Sie an ein leuchtendes, warmes Gelb. Spüren Sie, wie die warme Kraft dieser Farbe durch Ihren Körper strömt.

Stellen Sie sich vor, Sie könnten die Farbe einatmen, indem Sie sie in Ihr Herz holen und von dort beim Ausatmen nach außen strömen lassen. Verweilen Sie so lange bei diesem Gedanken, wie es Ihnen gut tut, und kehren Sie dann erfrischt und wach in den Alltag zurück.

(Sie können diese Übung mit allen Farben des Regenbogens wiederholen.)

Die Rose

Setzen Sie sich bequem hin, und stellen Sie sich vor, Sie wären eine Rose. Beobachten Sie, wie eine starke Wurzel in den Erdboden wächst ... und lassen Sie einen frischen Trieb nach oben ins Licht wachsen ... Nehmen Sie die dunkelgrünen glänzenden Blätter wahr ... die Äste und die Dornen ... Und nun lassen Sie eine Knospe entstehen ... Lassen Sie die Knospe wachsen und anschwellen ... Lassen Sie sich überraschen, welche Farbe die Blüte haben wird ... Nehmen Sie die geöffnete Rosenblüte mit allen Einzelheiten wahr ... Spüren Sie den angenehmen Duft, der von Ihr ausgeht ... die Farbe ... die Form ... Atmen Sie den Duft der Rose ein ... Genießen Sie den Augenblick ... und kehren Sie dann wieder zurück in den Raum, indem Sie Hände und Füße bewegen ... und wieder ganz hier sind ... erfrischt und wach.

Tipps zum Weiterlesen

Eva Heller: Wie Farben wirken.
Reinbek: Rowohlt 1999

Ingrid Riedel: Farben. In Religion, Gesellschaft, Kunst und Psychotherapie. Stuttgart: Kreuz Verlag 1999

Bilder, die stark machen

Der Fotograf Sigurd Elert hatte sich auf Fotos von Umweltzerstörung spezialisiert. Viele Jahre lang fotografierte er Kernkraftwerke und Anti-AKW-Demonstrationen, Müllplätze und Autofriedhöfe.

Dann wurde er eines Tages schwer krank. Seine Freundin riet ihm, doch mal wieder in die Natur zu gehen und sich dort nach Motiven umzusehen. Auf diese Weise kam er dazu, sich in Naturparks aufzuhalten und die schönsten Plätze Europas aufzusuchen. Und er wurde wieder gesund. Er lernte meditieren und macht heute wunderschöne Fotos, die in Sanatorien, Arztpraxen und Krankenhäusern ausgestellt werden (Bezugsquelle siehe Anhang).

»Alle Bilder, die uns umgeben, haben einen Einfluss auf uns, unabhängig davon, ob wir uns dessen bewusst sind oder nicht«, schreibt Sigurd Elert in einem Programmheft und beruft sich dabei auf Dr. John Diamond, der in den 70er-Jahren im *Metropolitan Museum of Art* in New York mit Testpersonen herausfand, dass zum Beispiel Rembrandts *Christus* stärkend auf die Lebensenergie wirkt, während Bilder von Unfällen, Attentaten oder ähnlichen Schrecken uns schwächen und Kraft entziehen. Eigentlich kann uns dieser Befund nicht überraschen, denn jeder hat schon erlebt, dass Bilder Gefühle in uns auslösen und dass angenehme Gefühle uns stärken.

Allein das regelmäßige Betrachten bestimmter Bilder wirkt sich positiv auf unsere Gesundheit und unser Seelenleben aus.

Es ist also nicht gleichgültig, welche Bilder wir in unser Wohnzimmer hängen und mit welchen Bildern wir unsere Kinder umgeben.

Vielleicht gehören Sie – wie auch ich – zu den Menschen, die sich an prägende Bilder aus ihrer Kindheit erinnern.

Überprüfen Sie also Ihre Wohnung auf Bilder, die Kraft geben oder Kraft nehmen. Ich hänge mir auch gern eine Postkarte in die Küche, von der ich mich inspirieren und

Bilder, die stark machen

stärken lasse. Solche kleinen heilsamen Bilder erinnern mich zum Beispiel auch an bestimmte Verhaltensweisen, die ich gern annehmen würde, damit aber noch Schwierigkeiten habe.

Besuchen Sie doch gemeinsam mit Ihren Kindern die Gemäldegalerie einer größeren Stadt. Welche Bilder gefallen Ihnen und welche wirken stärkend auf Sie? Von vielen Kunstwerken gibt es Dias, die man beim Fotografen auf Postergröße abziehen lassen kann.

Oder geben Sie Ihrer Phantasie einen Stoß: Lassen Sie in Ihrer Vorstellung ein Bild entstehen, dass Ihnen gefallen würde. Wie sieht dieses Bild aus? Welche Farben und Formen kommen darin vor? Anschließend »erwecken« Sie Ihr Bild zum Leben: Malen Sie es, oder gestalten Sie es mit Stoff.

Mandalas

Für alle, die Farben und Formen lieben, sind Mandalas ein guter Weg, sich selbst zu beruhigen und Kraft zu tanken.

Der Vorteil an dieser Methode ist, dass Sie gemeinsam mit Ihren Kindern malen können und auf diese Weise gemeinsam »zu sich kommen«, statt »außer sich« zu geraten.

Ich habe die Erfahrung gemacht, dass sich alles beruhigt und ordnet, wenn man einfach zu malen beginnt und die Kinder bald ganz von allein still daran teilnehmen wollen.

Sie benötigen Zeichen- oder Tonpapier sowie Buntstifte von guter Qualität, Wachsmalstifte oder Pastellkreiden.

Vielleicht möchten Sie ruhige, entspannende Musik dabei hören?

Beginnen Sie damit, einen Kreis oder einen Punkt in die Mitte des Papiers zu zeichnen. Wenn Sie sich für den Kreis entscheiden, fahren Sie diesen ruhig mehrmals rundherum ohne abzusetzen nach, und spüren Sie die entspannende Wirkung dieser Bewegung. Zeichnen Sie dann vom Punkt oder Kreis aus Muster, bestehend aus Dreiecken, Halbkreisen, Quadraten, Strichen, Punkten oder was Ihnen sonst in den Sinn kommt. Zeichnen Sie so lange, bis Sie das Gefühl haben, dass es gut ist. Versehen Sie Ihr Bild mit Datum und Titel.

Betrachten und vertiefen Sie sich anschließend ausgiebig in Ihr Mandala. Stellen Sie sich vor, Sie könnten darin herumwandern. Lassen Sie Farben und Formen auf sich wirken.

Wenn Sie nicht so gern malen oder einmal etwas anderes ausprobieren möchten: Besorgen Sie sich Filzplatten, und schneiden Sie diese quadratisch zu. Stellen Sie Schälchen mit Naturmaterialien (Blüten, Blätter, Steinchen, Körner, Zapfen, Früchte) auf den Tisch. Legen Sie dann ein Mandala auf den Filz, indem Sie von der Mitte aus beginnen.

Tipps zum Weiterlesen

Susanne F. Fincher: Mandala-Malen. Der Weg zum eigenen Zentrum. Braunschweig: Aurum Verlag 1992

Rüdiger Dahlke: Mandalas der Welt. Ein Meditations- und Malbuch. München: Heyne 1998

Schutzräume und Schutzschilde

Es gibt Situationen, in denen man sich unbedingt schützen muss. Zum Beispiel wenn Sie mit der Lehrerin Ihres Sohnes reden und auf so viel Unverstandnis stoßen, dass Ihnen zum Heulen ist. Oder wenn der getrennt lebende Vater Ihrer Kinder eine Forderung stellt, der Sie nicht nachkommen können, oder wenn Ihre pubertierende Tochter Sie mit schlimmen Ausdrücken belegt ...

Weil diese Situationen meist völlig überraschend eintreten, ist es sinnvoll, sich eingehend und langfristig darauf vorzubereiten.

Allein mit sich selbst

Wenn Sie Freude am Gestalten haben, hilft Ihnen ein Schutzschild. Erinnern Sie sich an die Ritter des Mittelalters? Jeder dieser Männer trug ein Schild mit besonderen Zeichen, die seine Herkunft symbolisierten. Bevor Sie in den Kampf treten, brauchen Sie auch solch ein Schild.

Malen Sie auf eine Pappe, der Sie eine Form Ihrer Wahl geben, Symbole und Zeichen, die Ihnen Kraft geben und Sie schützen. Das können Engel, Pflanzen, Fotos Ihrer Kinder, Ihres Partners oder einfach nur spannende Farben und abstrakte Formen sein. Spüren Sie in sich hinein, was auf so einem Schutzschild zu erkennen sein sollte, und malen Sie es dann auf. Sie können auch eine Collage herstellen oder verschiedene Techniken miteinander verbinden. Sie können Glitzer und Goldsterne, Fäden oder Stoffreste verwenden … Und Sie werden schon bei der Arbeit spüren, dass es Ihnen hilft, dass Sie gestärkt daraus hervorgehen.

Eine besondere und sehr entspannende Technik ist das Filzen. Dazu benötigen Sie Märchenwolle und Schmierseife.

Die Wolle wird mit reibenden Bewegungen, heißem Wasser und Schmierseife so lange bearbeitet, bis sie »verfilzt« ist. Auf diese Weise lassen sich auch einfache Bilder und Symbole legen und filzen.

Hängen Sie Ihr Schutzschild dann an einen Ort, wo Sie es häufig sehen, und lassen Sie sich mehrmals täglich von ihm stärken.

Bevor Sie sich dann wirklich in eine schwierige Situation begeben, betrachten Sie bewusst Ihr Schutzschild, atmen mindestens drei Mal tief durch und stellen sich vor, dass Sie mit jedem Einatmen alle Symbole der Kraft in sich aufnehmen und alle Ängste und Bedenken ausatmen und dem Erdboden übergeben.

Dieses bewusste Innehalten, das auch mit einem Gebet verbunden sein kann, ist eine äußerst kurze und doch sehr wirkungsvolle Methode, die Nerven nicht zu verlieren und die eigenen Anliegen zu formulieren.

Schutzräume und Schutzschilde

Wenn Ihnen die Vorstellung eines Schutzschildes nicht zusagt, können Sie sich auch einen Schutzmantel oder Umhang aus einem ganz besonderen Stoff nähen. Es reicht bereits, solch einen Mantel gedanklich zu entwerfen und ihn in der Vorstellung überzuziehen. Denn unser Gehirn arbeitet so, dass Vorstellung und Realität eins sind. Deshalb wirkt auch beides auf uns ein. Je ungewöhnlicher und fremder eine Vorstellung jedoch für Sie ist, desto öfter müssen Sie mit ihr üben, damit sie in Ihrem Kopf »installiert« wird.

Eine andere Vorstellung ist die des inneren Schutzraums: Stellen Sie sich einen Raum vor, in dem Sie vollkommen sicher und geborgen sind. Nehmen Sie sich Zeit, diesen Raum vollständig in Ihrem Inneren wahrzunehmen, und fühlen Sie die Kraft an diesem Ort. Sehen Sie alles, was es da zu sehen gibt, hören Sie die besondere, Kraft spendende Musik oder andere wohltuende Töne und Geräusche in Ihrem inneren Ohr, und fühlen Sie sich ganz ein. Stellen Sie sich dann vor, Sie würden aus diesem inneren Raum heraus Ihre Verhandlung führen, und gehen Sie die einzelnen Schritte in Ihrer Vorstellung detailliert durch. Vielleicht haben Sie in Ihrem Schutzraum auch bestimmte Gegenstände, die Sie einsetzen, um sich noch besser zu schützen: Zauberstäbe, Räucherwerk oder ein spezielles Licht. Ihrer Phantasie sind keine Grenzen gesetzt. Und sie wird Ihnen helfen, auch in realen Situationen schützend einzugreifen.

Es reicht allerdings nicht, diese Übung nur einmal zu machen. Sie müssen Ihren Schutzraum über einen längeren Zeitraum hinweg – am besten 21 Tage hintereinander – täglich betreten, damit Sie ganz sicher werden. Verbinden Sie das Betreten des Schutzraumes außerdem mit einer unauffälligen kleinen Geste, die Sie auch in realen Situationen ausführen können. Legen Sie zum Beispiel die Handflächen aneinander, oder berühren Sie einen Ring oder Armreif, und atmen Sie dabei bewusst tief aus.

75

Wenn Ihnen keine dieser Methoden zusagt, können Sie
es noch mit dem Folgenden probieren:
Denken Sie an zwei Menschen oder Wesen, die Ihnen
Schutz geben. Das kann zum Beispiel eine verstorbene
Großmutter sein, ein Engel, eine Märchen- oder Roman-
figur oder auch eine reale Freundin. Stellen Sie sich vor,
dass diese beiden Wesen hinter Ihnen stehen und auf Sie
aufpassen, während Sie sich in einer schwierigen Situation
befinden.

Auch diese Vorstellung müssen Sie – wie in den vorher-
gehenden Beispielen beschrieben – über einen längeren
Zeitraum hinweg täglich einüben und mit einer kleinen
Geste verbinden, bevor sie sicher wirkt.

Natur als Kraftquelle

Natur tut gut, und wer gestresst und psychisch belastet ist,
sollte unbedingt einen Spaziergang im Grünen machen.
Was jeder am eigenen Leib spüren kann, hat man nun
auch wissenschaftlich untersucht:»Der Einfluss der Natur
(ist) in der Tat sehr groß«, erklärt Nancy Wells von der
Cornell-University. Sie befragte zunächst 31 sozial schwa-
che, alleinerziehende Mütter in städtischer Umgebung
und stellte fest, dass die psychische Belastung erheblich
war. Zwei Jahre später wohnten diese Frauen mit ihren
Kindern im Grünen, fühlten sich wesentlich entspannter,
und Nancy Wells stellte fest, dass auch die Kinder durch
das Leben in naturnaher Umgebung viel aufmerksamer
geworden waren (vgl. *Psychologie heute*, Heft März 2002).

Allein der Lärm der Großstadt, die Hektik in U-Bahn-
höfen und das Gehetze über Fußgängerampeln können
auf Dauer krank machen.

Nun will gewiss nicht jeder aufs Land ziehen. Wir können aber dafür sorgen, dass unsere Städte stressfreier und
grüner werden. Wir können Oasen für Familien mit Kindern einrichten, indem wir Gärten und Parks anlegen und

Hinterhöfe begrünen. Wir können uns für Schulhöfe einsetzen, die naturnah gestaltet werden, und das Gelände des Kindergartens zu dem machen, was sein Name verspricht: ein Garten für Kinder.

Wir Menschen sind Teil der Natur. Wenn wir sie zerstören, zerstören wir uns selbst. Pflanzen wir also Bäume!

Einen Baum pflanzen

In letzter Zeit ist eine alte Sitte in manchen Familien wieder aufgelebt: Nach der Geburt eines Kindes wird ein Baum gepflanzt. Für Mädchen pflanzte man früher häufig Kirschbäume, für Jungen Apfel- oder Birnbäume. Natürlich kann man auch aus anderen Anlässen Bäume pflanzen – zum Beispiel als Ritual der Dankbarkeit.

Wer keinen eigenen Garten hat, muss auf dieses Ritual nicht verzichten. Regen Sie doch an, den Baum auf den Schulhof oder in den Kindergarten zu pflanzen, oder suchen Sie sich eine Stelle in der freien Natur.

Bäume, die schon relativ groß sind, sind teurer, tragen aber schon bald Früchte. Für mich ist es eine schöne, Kraft spendende Vorstellung, selbst gepflanzte Bäume über viele Jahre hinweg zu begleiten. Eines Tages wird der Baum uns überlebt haben, aber unseren Kindern weiterhin Kraft spenden.

Die heilende Kraft des Wassers

Fragt man Menschen, wo sie Kraft tanken, erzählen sie häufig von einem Strand. Der kann an einem Meer liegen, aber auch an einem Baggersee.

»Ich bin reif für die Insel« ist eine Feststellung, die zum Ausdruck bringt, dass Wasser uns wirklich hilft, Kraft zu tanken.

Gehen Sie also ans Wasser, wenn Ihnen alles zu viel ist! Das kann auch ein städtischer Springbrunnen sein oder ein kleiner Bach in Ihrer Nähe.

Der Aufenthalt in der Natur ist erholsam, aber wenn Sie keine Möglichkeit dazu haben, können Sie sich auch unter die Dusche stellen:

Sagen Sie sich: »Mit dem Wasser spüle ich alles Überflüssige fort … alle Gedanken und Sorgen, allen Ärger und Zorn …«

Wasser belebt – Vielleicht haben Sie auch Lust auf plätscherndes Wasser in der eigenen Wohnung. Sie benötigen dafür eine große Schüssel oder Zinkwanne vom Trödler, Steine und vielleicht eine Pflanze im Übertopf.

Besorgen Sie sich dann aus einem Baumarkt oder Gartencenter eine kleine Springbrunnenpumpe. Jetzt dekorieren Sie alles nach Ihren Vorstellungen, füllen die Schale mit Wasser und schließen die Pumpe an.

Im Sommer können Sie in einer Mörtelwanne oder einem anderen großen Gefäß auf dem Balkon einen Mini-Teich anlegen. Darauf können sogar Seerosen blühen!

Allein das Herrichten eines Springbrunnens macht mir so viel Freude, dass ich mich schon beim bloßen Gedanken daran ganz und gar entspanne. Das kann bei Ihnen natürlich ganz anders sein und hat sicherlich auch damit zu tun, welchem der vier Elemente Sie besonders zugeneigt sind. Achten Sie einmal darauf, ob Sie sich mehr zu Luft, Erde, Feuer oder Wasser hingezogen fühlen, und umgeben Sie sich mit den Elementen, die Sie stärken.

Für die folgenden Phantasiereisen brauchen Sie nichts als einen bequemen Sitz und ungefähr zwanzig Minuten ungestörte Zeit:

Begegnung mit einem Wasserfall

Sigurd Elert, der Fotograf von Seite 70, hat wunderschöne Aufnahmen von Wasserfällen gemacht. Wie sieht Ihr innerer Wasserfall aus?

Setzen Sie sich an einen ruhigen Ort und beginnen Sie auf Ihren Atem zu achten, wie er kommt und geht, ganz von allein … Spüren Sie, wo der Körper vom Atem bewegt wird … und stellen Sie sich vor, irgendwo in der Natur zu sein …

*Sie gehen einen Weg entlang, den Sie lieben … und geraten
früher oder später an einen Wasserfall …*

*Vielleicht hören Sie zuerst sein Rauschen … Und dann
entdecken Sie ihn … Nehmen Sie sich Zeit, dieses Natur-
schauspiel in aller Ruhe zu beobachten …*

*Vielleicht spüren Sie die feinen Wassertropfen auf Ihrer
Haut … Vielleicht bildet sich irgendwo ein Regenbogen …
Vielleicht bekommen Sie Lust, sich unter den Wasserfall zu
stellen und alles Belastende abzuspülen …*

*Was immer auch geschieht, lassen Sie es einfach zu, ohne
Bewertung … Und dann verabschieden Sie sich von diesem
besonderen Ort … und kommen auf dem Weg hierher zurück in den Raum, bewegen Hände und Füße … und sind
wieder ganz hier … erfrischt und wach.*

Die Quelle

*Nehmen Sie sich Zeit für ein paar ruhige Atemzüge an ei-
nem ruhigen Ort … Beobachten Sie Ihren Atem, wie er
kommt und geht … ganz von allein*

*Und nun stellen Sie sich eine Quelle vor, Ihre Quelle …
Lassen Sie sich überraschen, ob Ihre Quelle in einer Oase, in
einem Wald, auf einer Wiese, im Gebirge oder vielleicht sogar mitten in einem Ort sprudelt … Ihre ganz persönliche
Quelle, die Sie immer dann aufsuchen dürfen, wenn Sie sich
erschöpft und müde fühlen … wenn Sie das Gefühl haben,
frische Kraft zu benötigen …*

*Sie können beobachten, wie die Quelle unaufhörlich gibt
… und Sie können daraus schöpfen, so viel Sie wollen … Sie
dürfen daraus trinken und sich erfrischen, sich reinigen und
stärken … Und die Quelle hört niemals auf, unerschöpflich
ist ihre springlebendige Kraft …*

*Genießen Sie den Augenblick … Vielleicht wollen Sie sich
auch bedanken … und sich dann, wenn es für Sie an der Zeit
ist, von diesem Ort verabschieden … und in den Raum zurückkehren, indem Sie Hände und Füße bewegen, sich recken und strecken … und wieder ganz hier sind … erfrischt
und wach.*

Allein mit sich selbst

Natur als Kraftquelle

Pflanzen und Düfte

Reine ätherische Öle, die aus Pflanzen gewonnen werden – und die mit billigen Parfüm-Ölen nicht zu verwechseln sind –, können zur Entspannung beitragen und helfen, den Alltag zu bewältigen. Sie wirken auf unser limbisches System, das an der Steuerung unserer emotionalen Verhaltensweisen beteiligt ist. Durch den Atem gelangen die Duftmoleküle auf die Riechschleimhaut und von dort beeinflussen sie Gefühle, Hormone und das vegetative Nervensystem. Wenn man Düfte inhaliert, kann man sich innerhalb von Minuten von Schmerzen, schlechten Stimmungen oder negativen Energien befreien. Für mich gehören diese pflanzlichen Helfer daher zu den größten Kraftspendern.

Viele Medikamente enthalten ätherische Öle. Weil diese Medikamente wegen ihrer aufwändigen Herstellung jedoch teuer sind, werden sie oft durch synthetische Mittel ersetzt.

Selbst das Putzen macht mehr Spaß, wenn man ein paar Tropfen ätherisches Öl ins Wischwasser gibt – zudem haben ätherische Öle eine desinfizierende Wirkung. Ich liebe es, meine hölzernen Arbeitsflächen mit einer Mischung aus Lein- und Orangen-Öl zu reinigen und meinen Steinfußboden mit einem Hauch Lavendel zu wischen.

Ätherische Öle werden aus den Blättern, Blüten, Früchten oder Wurzeln gewonnen und können uns auf unterschiedliche Weise helfen, Kraft zu tanken. Generell und vereinfacht kann man sagen, dass Wurzelextrakte wie Ingwer, Sandelholz, Angelika oder Vetiver Kraft geben und uns energetisch stärken und erden. Blüten und Früchte wie Zitrone, Mandarine und Orange heitern uns auf, und Pflanzenblätter entfalten – je nach Art – unterschiedlichste Heilwirkungen.

Die Bestandteile ätherischer Öle sind erstaunlich vielfältig. Zahlreiche Chemiker und Pharmazeuten befassen sich wissenschaftlich mit der Wirkung dieser Geschenke

Natur als Kraftquelle

der Natur. Auch viele Museen oder städtische Gärten haben inzwischen Kräuter- und Gewürzabteilungen eingerichtet, wo man die heilende und wohltuende Wirkung von Pflanzen mit allen Sinnen direkt erfahren aber auch nachlesen kann.

Ein langer Winter wäre unerträglich, würde ich nicht feuchte Tücher mit speziellen Erkältungsmischungen auf die Heizkörper geben und die dunklen Abende mit dem köstlichen Duft von Mandarinen und Zitronen erhellen.

Wenn mich trübe Stimmungen überfallen, mische ich mir Lavendel, Rose und Bergamotte zusammen oder leiste mir den Luxus von Neroli, Orangenblüten-Öl, und schlafe friedlich und heiter ein. Römische Kamille und Ylang-Ylang helfen mir, überflüssigen Ärger regelrecht wegzuatmen.

Die folgenden Mischungen können Sie selbst herstellen oder auch fertig kaufen:

- Stärkend und anregend wirken Grapefruit, Weißtanne und Douglasfichte.
- Beruhigend und ausgleichend wirken Orange, Lavendel und Römische Kamille.
- Aufheiternd und anregend wirken Zitrone, Bergamotte und Grapefruit.

Geben Sie je zwei Tropfen in eine Duftlampe oder mit einem feuchten Tuch auf Ihren Heizkörper oder, mit Sahne vermischt, in die Badewanne. Wenn Sie die Mischung in ein fettes Öl, zum Beispiel Mandel- oder Sesamöl geben, erhalten Sie ein wertvolles Massageöl. Besonders wirkungsvoll ist eine Fußmassage am Morgen oder eine Inhalation.

Räucherstäbchen

Mit Wohlgerüchen wurden schon vor vielen tausend Jahren Botschaften gen Himmel gesandt. Es gab keine heilige

83

Handlung ohne Rauch. Der aufsteigende Rauch ist ein Symbol für die Seele, die Verbindung zum Göttlichen sucht. Das Verbrennen symbolisiert den Verwandlungs-prozess, dem alles Leben unterworfen ist.

Heute »verräuchern« Abgase, Schornsteine und giftige Dämpfe unsere Umwelt, und künstliche Aromastoffe sol-len uns zum Essen und Kaufen verführen. Das alles nimmt uns Kraft. Gute Luft ist heute fast ein Luxusartikel.

Räucherstoffe aus pflanzlichen Substanzen hingegen wirken wohltuend auf unsere Seele, reinigend auf Räume und unterstützen uns beim Meditieren und Beten. Mit Hilfe von Räucherstäbchen können wir uns diese Wirkung zunutze machen. Achten Sie dabei aber unbe-dingt auf Qualität, denn sonst bekommen Sie Kopf-schmerzen. In Naturkostläden gibt es Räuchermischun-gen aus natürlichen Essenzen, die frei von synthetischen Aromen und Zusatzstoffen sind und eine stärkende, ent-spannende oder schlaffördernde Wirkung haben.

Wenn Probleme Sie quälen, können Sie Folgendes aus-probieren:

Setzen Sie sich entspannt hin und entzünden Sie ein Räu-cherstäbchen. Stellen Sie sich vor, dass der aufsteigende Rauch ihr Problem in den Kosmos trägt.

Spüren Sie, während Sie den Rauch beobachten, dass sich das Problem von Ihnen lösen kann. Im Universum gibt es viele Lösungen. Öffnen Sie Ihre Seele für die Lösung, die im Traum, in der Meditation oder durch einen Hinweis in den nächsten Tagen zu Ihnen kommen kann.

Steine geben Kraft

Steine sind alt. Uralt. Sie liegen seit Millionen von Jahren auf oder in der Erde und sind sozusagen Boten der Urge-schichte. Sie haben Pflanzen, Tiere und Menschen kom-men und gehen sehen, sie sind durch Bewegung, Eis, Was-

Natur als Kraftquelle

ser, Wind und andere Steine immer wieder abgeschliffen, poliert und verändert worden. Obwohl sie uns hart, steinhart, vorkommen, bestehen auch Steine aus sehr langsam schwingenden Molekülen. Und Steine geben Kraft.

Die besten Steine sind die, die wir selbst finden – oder die uns finden. Machen Sie sich auf den Weg, um Ihren Kraftstein zu finden. Gehen Sie in die Berge, an einen Strand oder in einen Wald. Lassen Sie sich überraschen, ob Ihr Stein glatt und rund oder eckig und kantig sein wird. Nehmen Sie ihn in die Hand. Verbinden Sie sich ganz mit ihm, und spüren Sie die beruhigende Wirkung, die der Stein auf Sie haben kann.

Legen Sie den Stein dann an einen besonderen Ort. So kann er sie täglich daran erinnern, Kraft zu tanken.

Besondere Steine sind Salzkristalle, die jetzt sehr häufig zu Lampen verarbeitet werden. Das Salzgestein ist 250 Millionen Jahre alt und besitzt eine große Kraft. Salzsteine reichern die Luft mit negativen Ionen an, wie wir es vor Wasserfällen oder am Meer erleben. Außerdem hat Salz eine stark reinigende Wirkung. Die besondere Farbe der Lampen und das gedämpfte Licht wirken auf Kinder und Erwachsene wohltuend und beruhigend. Besonders bei Elektro-Smog, der Luftionen reduziert und zum Beispiel durch Computer hervorgerufen wird, helfen Salzlampen die Luft wieder mit frischen Ionen zu bereichern. Auf diese Weise stärken Sie die Nerven und unser Wohlbefinden.

Edelsteine üben auf viele Menschen eine besondere Anziehung aus. Seit Jahrtausenden werden sie für wertvollen Schmuck, aber auch zu Heilzwecken verwendet. Mit ihren leuchtenden Farben und unterschiedlichen Kristallstrukturen vereinen sie Farbe und Form auf eine ganz besondere Weise.

Durch die in den letzten Jahren in Mode gekommenen *Buddha-Armbänder* haben viele Menschen einen – wenn auch sehr oberflächlichen – Zugang zu dieser Kraftquelle erhalten.

85

Vielleicht fühlen Sie sich jetzt angesprochen, der Kraft der Steine nachzugehen. Lassen Sie sich dabei von Ihrem Herzen und Ihrem Interesse leiten.

Meine Freundin Edith Dörre war sicherlich nicht gerade in einer kraftvollen Lebensphase, als ihre behinderte kleine Tochter starb. Nach deren Tod hatte sie jedoch einen Traum, der ihr Leben grundlegend änderte: Ihr wurde gesagt, dass sie sich mit den zwölf Edelsteinen aus der Offenbarung des Johannes beschäftigen sollte, um Heilmittel herzustellen. Als Heilpraktikerin und Homöopathin beschloss sie, die Steine zu verreiben, so wie es Samuel Hahnemann, der Begründer der Homöopathie, vor zweihundert Jahren vorgemacht hat. Nachdem sie über viele Jahre hinweg die Heilkraft dieser zwölf Steine erprobt und beschrieben hat, bietet sie mittlerweile auch Seminare an, in denen jeder selbst erfahren kann, welche Qualitäten die einzelnen Steine besitzen (Adresse siehe Anhang, Seite 156).

Mein Kraftbaum

Bäume erhalten uns am Leben. Wir können wochenlang ohne Nahrung auskommen und tagelang ohne Wasser. Aber wenige Minuten ohne Sauerstoff sind tödlich.

Indem Bäume durch das Wunder der Photosynthese Sauerstoff produzieren, erschaffen sie unsere Atemluft. Wälder prägen das Klima: Sie liefern Feuchtigkeit; an heißen und trockenen Tagen kühlen und reinigen sie die Luft. Regnet es viel, entziehen die Bäume der Luft Feuchtigkeit und halten sie zurück wie ein Schwamm.

In den ältesten Mythen der Menschheit – wie sie zum Beispiel in der *Edda* aufgezeichnet worden sind – spielen Bäume eine herausragende Rolle. Die Weltenesche *Yggdrasil* trägt in ihrer Mitte die Menschenwelt. In ihrem mächtigen Wipfel wohnen die Götter und an ihren Wurzeln die Nornen, die die Lebensfäden spinnen und abschneiden und den Baum aus der Quelle des Lebens nähren.

Bäume geben uns Trost und Hilfe. Aschenputtel empfängt von einer selbst gepflanzten Haselnuss die Gaben, die für die Hochzeit mit dem Prinzen und damit für die Erlösung aus den erniedrigenden Verhältnissen notwendig sind.

Als Mutter kleiner Kinder habe ich mich oft als Aschenputtel gefühlt. Zum Glück ist mir dann das vollständige Märchen in den Kopf gekommen – und ich wusste, was ich zu tun hatte, um ins Schloss zu gelangen.

Auch Erich Kästner hat die Kraft spendende Wirkung von Bäumen erkannt:

Die Seele wird
vom Pflastertreten krumm.
Mit Bäumen kann man
wie mit Brüdern reden
und tauscht bei ihnen
seine Seele um.

Nehmen Sie sich Zeit, um Ihren Kraftbaum zu finden. Vielleicht steht er in einem Park oder Wald in Ihrer Nähe. Oder er wächst in einem Hinterhof oder frei auf einer einsamen Wiese. Er kann am Ufer eines Flusses, an einem See oder auf einem Hügel oder Berg stehen.

Besuchen Sie diesen Baum von nun an regelmäßig. Umarmen Sie ihn. Schütten Sie ihm Ihr Herz aus. Machen Sie es sich an seinem Stamm bequem, und spüren Sie die Energie, die von ihm ausgeht. Verbinden Sie sich ganz mit dem Baum und seiner Kraft. Früher oder später werden Sie den Baum wie einen Freund schätzen lernen. Sie müssen ihn dann auch nicht mehr persönlich besuchen, wenn Sie Kraft brauchen.

Die folgenden Phantasiereisen ermöglichen Ihnen, mit Ihrem Baum Kontakt aufzunehmen, wann immer sie das wollen.

Für jede Phantasiereise benötigen Sie höchstens zwanzig Minuten ungestörte Zeit. Setzen Sie sich auf einen bequemen Stuhl – und wenn Ihre Kinder Ihnen wirklich keine Ruhe lassen, tut es auch der Toilettendeckel. Halten Sie Ihren Rücken gerade, ohne sich zu verkrampfen, und sorgen Sie dafür, dass beide Füße guten Kontakt zum Boden haben.

Beginnen Sie auf den Atem zu achten … wie er kommt und geht … ganz von allein … Lassen Sie beim Ausatmen alle Gedanken aus sich heraus, indem Sie sie in Ihrer Vorstellung in den Boden atmen …

Der Sorgenbaum

Diese Phantasiereise hilft Ihnen, sich von überflüssigen Sorgen zu befreien:

Stellen Sie sich vor, Sie sind an einem schönen Platz, mitten in der Natur. Die Sonne scheint, und vielleicht können Sie schon jetzt ihre wohltuende Wärme spüren … Sie sehen sich um an diesem Ort und entdecken einen Baum … Es spielt keine Rolle, ob Sie ihn gleich finden oder erst später…

Es ist ein wunderschöner Baum, so, wie Sie ihn lieben … und Sie wissen, dass dies der Sorgenbaum ist, an dessen zahlreiche Äste Sie all Ihre Sorgen und Nöte hängen können … Ihre kleinen Sorgen hängen Sie an die kleinen Äste und Ihre großen an die dicken, starken Äste dieses schönen Baumes… Lassen Sie sich Zeit für diese Arbeit …

Und nun können Sie den leichten frischen Wind genießen, der Ihnen sanft um den Kopf weht … und schon jetzt bemerken, wie Sie sich fühlen …

Bedanken Sie sich bei dem Baum … verabschieden Sie sich, und kommen Sie hierher zurück … indem Sie Hände und Füße bewegen … sich recken und strecken … und wieder ganz hier sind … erfrischt und wach.

Schmerzliche Erinnerungen loslassen

Die folgende Phantasiereise hilft, wenn schmerzliche Erinnerungen immer wieder hochkommen und verhindern, dass Sie sich entspannen können.

Natur als Kraftquelle

*Stellen Sie sich einen Weg in der Natur vor ... Um weiterzu-
kommen, müssen Sie einige Steine aus dem Weg räumen ...
Und dann steht er früher oder später vor Ihnen, Ihr Baum ...
Sie gehen auf ihn zu ... und setzen sich unter ihn ...*

*Heben Sie nun ein Blatt vom Boden auf ... und schreiben
Sie alle schmerzlichen Erlebnisse aus Ihrer Vergangenheit
darauf ... Schreiben Sie auch alles auf, was Sie bereuen und
was Sie am Vorwärtskommen hindert ...*

*Und nun graben Sie ein Loch ... Sie wissen, dass Sie die-
sen Teil Ihrer Vergangenheit begraben werden ... und nun
legen Sie das Blatt in die Erde, begraben es ...*

*Bedanken Sie sich bei dem Baum ... verabschieden Sie
sich ... und kommen Sie dann den Weg hierher zurück ...
und seien Sie wieder hier ... erfrischt und wach.*

Loslassen lernen

Diese Phantasiereise kann Ihnen helfen, wenn ein Ab-
schied bevorsteht oder Sie sich von etwas Liebgeworde-
nem trennen müssen.

*Lassen Sie es in Ihrer Phantasie Frühling sein ... betrachten
Sie einen Baum, und sehen Sie, wie dick die Knospen schon
sind ... Und nun können Sie beobachten, wie die zarten
Blätter aus den Hüllen treten und größer und größer werden
... bis sie zu kräftigen Blättern heranwachsen ...*

*Und Sie können das Kommen und Gehen der kleinen Blüten
miterleben ... aus denen sich Samen und Früchte bilden ...*

*Und Sie können mit dem Baum die Jahreszeiten erleben ...
den heißen Sommer ... den bunten Herbst ... Sie bemerken
die Färbung der Blätter ... orange ... rot ... braun ... Was so
bunt und schön aussieht, ist doch der Anfang eines vorläufi-
gen Endes ... Der Baum muss sich jetzt auf einen neuen Ab-
schnitt im Kreislauf des Jahres einstellen ... Alles, was für die
kommende Zeit des Winters nicht mehr nötig ist, gibt er ab
... Der Baum ist weise und fügt sich diesem Zwang ...*

*Sie erleben, wie die Blätter des Baumes zu Boden schwe-
ben ... all die vielen kleinen Momente der Ablösung ... Und*

wenn Sie möchten, können Sie mit dem Baum eins werden und diese Umstellung intensiv miterleben ... Sie haben Tausende von Blättern ... Und Sie können diesen Moment des Loslassens tausendfach ertragen ... das Loslassen von Dingen, die überflüssig geworden sind ... Und vielleicht bemerken Sie schon jetzt das merkwürdige Empfinden im Moment des Loslassens ... Sie können nicht genau sagen, ob Schmerz oder Freude überwiegen ... Denn wie der Baum können Sie sich sagen, dass Sie sich mit dem Abwerfen von Ballast rüsten für die kommende Zeit, in der Sie alle Ihre Kräfte benötigen, um den Herausforderungen gewachsen zu sein ...

Und Sie können mit dem Baum die Winterzeit erleben ... die Ruhe und die Kälte ... die wilden Stürme ... Und Sie wissen, dass die Kälte Ihre Wurzeln nicht erreichen kann, denn die Decke aus gefrorener Erde und Schnee schützt sie ... Gemeinsam mit dem Baum können Sie sich eine Weile ausruhen ... und schon all die Knospen vorbereiten, die Sie im Frühling haben werden ... Und Sie können die Zeit nutzen, um Atem zu schöpfen ... um zu entscheiden, wo Sie neue Triebe und kleine Zweige ansetzen möchten ... um langsam im Lauf des kommenden Jahres Ihre Form zu verändern ... und noch kräftiger und vielgestaltiger zu werden ...

Eins werden mit dem Baum

Stellen Sie sich vor, Sie sind draußen, in der Natur ... Wählen Sie einen Platz aus, der ein Gefühl von Ruhe und Freude in Ihnen aufsteigen lässt ... Gestatten Sie sich dieses angenehme Gefühl, ganz und gar an diesem Ort präsent zu sein ... Nehmen Sie alles wahr ... Auch den alten, großen Baum dort ...

Gehen Sie zu ihm, und setzen Sie sich an seinen Stamm ... Spüren Sie die zuverlässige Unterstützung, die er Ihnen bietet ... Dann richten Sie Ihre Aufmerksamkeit auf seine Wurzeln ... Stellen Sie sich vor, dass Sie der Baum sind, der mit seinen vielen Wurzeln das Wasser aufsaugt, um die Nährstoffe zu allen Blättern zu transportieren, überall hin ...

Spüren Sie, wie das Leben in Ihnen pulsiert und wie Ihre Energie zunimmt ... Lassen Sie diese Energie durch den gan-

zen Körper fließen ... durch Ihren Stamm in alle Äste und Zweige ... so dass alle Blätter und Früchte ernährt werden ... Spüren Sie Ihre Verbindung mit dem Leben ... Spüren Sie, wie Sie ein Teil der Natur sind ...

Und nun seien Sie wieder Sie selbst ... Lehnen Sie sich noch eine Weile an den Stamm des alten Baumes ... und spüren Sie, wie alles miteinander verbunden ist ... wie Sie eins sein können mit allem ... Und bedenken Sie, dass Sie jederzeit an diesen Ort zurückkehren können, zu diesem Baum ...

Beginnen Sie Ihre Hände und Füße zu bewegen ... sich zu recken und zu strecken ... und kehren Sie wieder zurück ... erfrischt und wach.

Krafttiere

Die sich selbst als hellsichtig bezeichnende Autorin Sylvia Browne schreibt, dass neben Engeln auch Tiere als Totem unsere Wege auf Erden begleiten.

Sie folgt damit schamanischen Traditionen, die Tieren immer eine wichtige Rolle zumessen, wenn es darum geht, Menschen zu helfen.

Demnach hat jeder Mensch ein Krafttier, das uns dabei unterstützt, unsere zahlreichen Probleme zu lösen – wenn wir das wünschen.

Die meisten Menschen werden bestätigen, dass es bestimmte Tiere gibt, von denen sie sich in einer besonderen Weise angezogen fühlen.

Unabhängig davon ob sie diese Aussagen als Phantasie oder Realität auffassen: Ein Krafttier zu haben, gibt tatsächlich Kraft. Deshalb spielt es keine Rolle, ob dieses Krafttier nur in Ihrer Vorstellung oder aber tatsächlich existiert.

Mein Krafttier
Nehmen Sie sich einen Augenblick ungestörte Zeit. Achten Sie auf Ihren Atem, wie er kommt und geht, ganz von allein

*... Stellen Sie sich vor, Sie könnten ausatmend loslassen ...
alle Gedanken einfach ausatmen ...*

Und dann lassen Sie vor Ihrem inneren Auge das Bild eines Tieres entstehen ... Lassen Sie sich überraschen, welches Tier auf Sie zukommt ... Beobachten Sie dieses Tier eine Weile ... Wie sieht es aus? ... Welche Farbe hat es? ... Betrachten Sie seine Bewegungen ... sein Verhalten ... Welche Eigenschaften hat dieses Tier? ... Was könnten Sie von ihm lernen?

Bedanken Sie sich bei dem Tier, dass es zu Ihnen gekommen ist ... Spüren Sie nach, auf welche Weise es Ihnen im Alltag helfen könnte ...

Verabschieden Sie sich nun von Ihrem Tier ... in der Gewissheit, dass es jetzt immer für Sie da sein wird ... wann immer Sie ihm begegnen möchten ... Und nun kommen Sie zurück in den Raum ... erfrischt und wach.

Auch reale Tiere können uns Kraft geben, wenn wir sie wahrnehmen. Als Noa Bercovisc achtzehn war, hatte sie einen schrecklichen Unfall. Ein Zug trennte ihr beide Beine ab. Als sie verzweifelt und lebensmüde im Krankenhaus lag, war es ein Rotkehlchen vor ihrem Fenster, das sie regelmäßig besuchte. Heute ist sie eine bekannte Schriftstellerin, die in viele Länder reist und erfolgreiche Bücher über die Freundschaft von Tieren und Menschen schreibt.

Tiere sind nicht nur gute Therapeuten, sie stärken auch unser Selbstwertgefühl, wenn wir ihre bedingungslose Liebe spüren. Tiere verlangen keine Gegenleistung, und sie nehmen uns immer so, wie wir sind.

Außerdem helfen Sie uns, zu entspannen. Wer eine Katze hat, weiß, wie genüsslich sie faulenzen kann. Ein Hund wird uns zu regelmäßigen Spaziergängen in die Natur auffordern oder uns beim Joggen begleiten.

Wellensittiche und andere Vögel können uns aufheitern, Fische in einem Aquarium beruhigen uns, und auf einem Pferd können wir das »höchste Glück der Erde« erfahren.

Natur als Kraftquelle

Therapeutische Einrichtungen, ja sogar Schulen halten inzwischen Tiere, weil sie um die positive Wirkung auf Kinder und Erwachsene wissen. Lamas zum Beispiel, die so wunderschöne Augen und ein herrlich weiches Fell haben, werden zur Therapie von drogenabhängigen Frauen eingesetzt, und in den USA gibt es Krankenhäuser, in denen *Golden Retriever*, eine Hunderasse, ihren Dienst als Therapeuten tun.

Dennoch möchte ich niemanden zur Tierhaltung überreden.

Natürlich kostet ein Tier auch Zeit, Geld und Kraft. Wer aber wirklich Freude an Tieren hat und die anfallenden Arbeiten gern verrichtet, wird reichlich belohnt.

03

Zusammen mit dem Partner

Das echte Gespräch bedeutet: aus dem Ich heraustreten und an die Türe des Du anklopfen.

Albert Camus

Gemeinsam heißt nicht immer »zu zweit«

In diesem Kapitel möchte ich Ihnen ein paar Anregungen geben, wie Sie zu zweit als Eltern wieder auftanken können. Natürlich sollen Sie als Paar und auch jeder für sich Ihre Freizeit genießen und dabei Kraft tanken. Vergessene Hobbys können wieder aufgenommen werden, wenn man sich abends in der Kinderbetreuung abwechselt. Ich kenne viele Paare, die einen Abend pro Woche für sich selbst und einen Abend gemeinsam organisieren und sehr gut damit fahren. Wenn Sie dann einander mitteilen, was Sie außer Haus erlebt haben und sich wirklich regelmäßig auch gemeinsam verabreden, werden Sie viel Kraft tanken. Achten Sie darauf, dass die jeweilige Abwesenheit und die Gemeinsamkeiten gerecht verteilt sind und dass Sie Ihre gemeinsamen Verabredungen wechselseitig vorbereiten. Dabei darf dann auch nicht genörgelt werden. Wenn Sie heute in ein besonderes Konzert gehen wollen und die Karten besorgen, darf er sich auch nächste Woche mit Ihnen einen Film anschauen! Vielleicht gelingt es Ihnen sogar, ein bisschen Ehrgeiz auf diesem Gebiet zu entwickeln und sich mit Phantasie und Organisationstalent gegenseitig zu erfreuen. Sie müssen auch nicht unbedingt ausgehen. Verwandeln Sie Ihr Schlafzimmer in einen orientalischen Palast oder Ihr Bad in ein Paradies der Düfte und Farben. Besorgen Sie überraschend ganz besondere Spezialitäten, oder erwecken Sie Ihre Sinne mit Musik, Kuschelfellen und glänzenden Ideen zu neuem Leben.

Manchmal hat ein Elternteil Angst, den Partner zu enttäuschen, wenn er abends etwas für sich allein tun will. Tatsächlich bekommt es einer Beziehung sehr gut, wenn jeder seinen Horizont erweitert und sich mit anderen Menschen trifft und austauscht. Zum Beispiel beim Sport, in einer Yoga-Gruppe oder einem Malkurs. Vom gesundheitlichen Wert des Sports einmal abgesehen tut es Männern gut, in der Umkleidekabine oder auf dem Heimweg mit anderen Vätern über den Nachwuchs zu reden und auf diese Weise Kraft zu tanken. Frauen haben es meist leichter, sich mit Freundinnen zu treffen oder gemeinsam etwas zu unternehmen. Wenn Sie sich gegenseitig Ihr Vergnügen gönnen und auch die Gemeinsamkeiten nicht zu kurz kommen, wird Ihre Beziehung auf diese Weise gefördert und auch Stress abgebaut.

Gemeinschaft pflegen

Wenn Partner Eltern werden, ziehen sie sich oft erst einmal ganz zurück. Alles ist so neu und so anders. Das ist verständlich. Nach und nach tut es aber gut, alte Freunde wieder einzuladen oder auch – mit oder ohne Baby – zu besuchen.

Es ist einfach angenehm, zu hören, wie es anderen mit ihrem Leben ergeht, wie sie Probleme lösen – oder auch nicht –, und gemeinsam zu lachen.

Ich möchte Sie hierzu nicht überreden, prüfen Sie auch, ob Sie diese Freunde wirklich mögen. Wenn das so ist, sind Kinder kein Grund, auf Geselligkeit zu verzichten. Oft gestaltet sich der Freundeskreis nach der Geburt eines Kindes auch völlig neu. Das ist durchaus verständlich und sinnvoll. Manchmal können jedoch auch gerade Freunde ohne Kinder etwas Wertvolles geben oder einen Rat erteilen, auf den man lange gewartet hat.

Beachten Sie auch, dass es nicht darauf ankommt, ein perfekter Gastgeber zu sein. Kochen Sie lieber etwas Einfaches, als ein Nerven aufreibendes Menü. Ihre Freunde erwarten ja keinen Service wie in einem Fünf-Sterne-Restaurant, sondern sie kommen, um *Sie* zu besuchen.

In Gemeinschaften, die alle bereichern, muss Geben und Nehmen ausgeglichen sein. Achten Sie darauf, dass Sie nur so viel geben, wie Sie können und wollen. Lassen

Sie sich nicht dazu verführen, sich für andere aufzuopfern. Lernen Sie, Nein zu sagen, wenn Sie Nein fühlen. Bitten Sie andere um Hilfe und helfen Sie anderen, wenn Ihnen danach ist. Prüfen Sie alle Verabredungen mit Ihrem Herzen. Daraus ziehen Sie Kraft.

Das Notfallprogramm

Wenn dicke Luft herrscht, dann gehen Sie sich für einen Moment aus dem Weg. Legen Sie sich zum Beispiel auf Ihr Bett, oder schließen Sie sich auf dem Klo ein. Schließen Sie die Augen, oder betrachten Sie ein Bild, das Sie friedlich stimmt. Atmen Sie ganz tief aus, und stellen Sie sich vor, Ihre Anspannung mit dem Atem, der durch ihren ganzen Körper fließt und an den Fußsohlen wieder austritt, dem Boden zu übergeben.

Stellen Sie sich vor, wie langweilig das Leben ohne Ihren Partner wäre. Malen Sie sich ruhig aus, was Sie tun würden und wie Ihr Tagesablauf aussähe, wenn Sie allein leben würden. Wäre das wirklich eine attraktive Alternative?

Sie können sich jeden Tag neu entscheiden.

Wenn Sie beide ein bisschen Sinn für Humor haben, können Sie Folgendes probieren:

- Ziehen Sie lustige Gesichter oder Fratzen, und bringen Sie Ihr Gegenüber damit zum Lachen.

- Oder diskutieren Sie ohne Worte weiter, indem Sie entsprechende Mundbewegungen machen, ohne einen Laut von sich zu geben, und dabei heftig mit den Armen gestikulieren.

- Schreiben Sie Beleidigungen und böse Worte, die Sie sich eigentlich an den Kopf werfen wollen, auf Zettel, zerknüllen Sie diese, und bewerfen Sie sich damit so lange, bis Sie lachen müssen. Und dann lachen Sie!

Entspannungsübungen zu zweit

- Versuchen Sie, das Problem noch einmal in einer ruhigen Situation anzugehen, oder bitten Sie einen neutralen Dritten, Ihnen bei einem schweren Konflikt zu helfen. Sie können die Meinung des anderen auch einfach so stehen lassen und mindestens einmal darüber schlafen.

Ich habe mir vorgenommen, meinem Mann mindestens einmal am Tag ganz bewusst Recht zu geben – die Wirkung ist beachtlich. Inzwischen versuche ich, über mich selbst zu lächeln, wenn ich unbedingt wieder einmal Recht haben will. Manchmal gelingt mir das sogar.

Entspannungsübungen zu zweit

Im Folgenden möchte ich Ihnen drei Übungen ans Herz legen, die Sie immer dann ausführen können, wenn Sie mit Ihrem Partner im Reinen sind. Diese Übungen laden Ihre Partnerschafts-Batterien wieder auf und stärken die Beziehung – sozusagen vorbeugend!

Die Schutzhülle

Setzen Sie sich hintereinander auf den Boden. Der Hintere gibt, der Vordere empfängt. Danach wird gewechselt.
Der Hintere spricht den folgenden Text, während der Vordere den Partner sanft an den Schultern berührt. Sie können den Text auch verändern, indem Sie Worte benutzen, die zu Ihnen passen.

Spüre Deinen Atem … wie er kommt und geht … ganz von allein … Stell Dir vor, Du könntest beim Ausatmen loslassen … Spüre meine Nähe … und meine Liebe …
Stell Dir vor, wie Dein Atem sich mit meinem Atem verbindet … und eine schützende Hülle um uns bildet … Vielleicht willst Du Dir den Atem als weißes Licht vorstellen …

oder als angenehmes Wasser ... so dass wir früher oder später eingehüllt werden in eine Kugel aus weißem Licht ... oder angenehmem Wasser ...

Nun legt der Hintere schweigend und langsam seine Hände nacheinander auf Nacken, Schultern und Rücken des Partners, und lässt seine Hände an all jenen Stellen ruhen, von denen er glaubt, sie hätten es nötig. Dabei stellt er sich vor, er könnte sich ganz in den Partner hineinversetzen, sein Herz öffnen und mit ihm fühlen.

Und nun vertiefe Deinen Atem, komm in Deinem eigenen Tempo hierher zurück ...

Tauschen Sie dann die Plätze.

Sprechen Sie anschließend darüber, wie Ihnen diese Übung gefallen hat und wie Sie sich in der Rolle des Gebenden und Nehmenden gefühlt haben.

Wie öffnet man eine Faust?

In einer Partnerschaft gibt es immer wieder Situationen, in denen man sich festgefahren und wie in einer Sackgasse fühlt. Klar, aus einer Sackgasse kommt man nur heraus, wenn man in die entgegengesetzte Richtung bzw. rückwärts fährt. Aber gerade das fällt im realen Leben so schwer. Wir sind es gewohnt, immer nach dem gleichen Muster zu verfahren – immer weiter geradeaus.

Die folgende Übung gibt zwar nicht unbedingt Kraft, zeigt aber, was Sie brauchen, um aus einer festgefahrenen Situation herauszukommen.

Merken Sie sich Ihre Reaktionen und die Ihres Partners für die nächste Auseinandersetzung.

Einer hält dem anderen eine Faust hin. Der Partner versucht nun mit allen Mitteln, die ihm einfallen – außer Gewalt –, den anderen zum Öffnen der Faust zu bewegen. Wie lange braucht er, um Sie zu überzeugen, und welche Mittel wirken? Und umgekehrt?

Ich akzeptiere dich, wie du bist

Wenn wir in einer glücklichen Beziehung leben wollen, müssen wir lernen, einander zu akzeptieren – ohne Wenn und Aber. Das ist schwer, aber es gibt keinen anderen Weg.

Setzen oder legen Sie sich in einer entspannten Haltung hin … Schließen Sie die Augen … Beginnen Sie auf den Atem zu achten … wie er kommt und geht … und stellen Sie sich vor, Sie könnten loslassen … Bewerten Sie nichts … und stimmen Sie sich auf Ihren Partner ein … Schauen Sie ihm für einige Zeit in die Augen … atmen Sie weiter … und gehen Sie dann mit Ihrer Achtsamkeit an den Ort, wo Sie nur Liebe, Verständnis und Mitgefühl für den anderen empfinden …

Sagen Sie dann beim Einatmen zu sich selbst: »Ich akzeptiere dich so, wie du bist« … und beim Ausatmen: »Friede sei mit dir«

Atmen Sie eine Zeit lang so weiter … Kommen Sie dann in Ihrem eigenen Tempo zurück in den Raum … Öffnen Sie die Augen … schauen Sie einander an … und seien Sie wieder ganz hier … erfrischt und wach.

Die kleinen Gesten der Liebe

Wenn wir Kinder haben, droht unsere Liebesbeziehung immer wieder in Geschrei, Wäschebergen, Kinderkrankheiten und gegenseitigen Vorwürfen zu ersticken. Dagegen können wir etwas tun!

Kleine Gesten der Liebe sind phantasievolle Beweise gegenseitiger Zuneigung, die wir in den Alltag einstreuen wie Salz in die Suppe.

Männer, lasst Euch aber bitte auch mal etwas einfallen!

Ich empfehle hierfür das Buch *Amore, Amore. 2001 Ideen, romantisch zu sein,* geschrieben von einem Mann: Tobias Drews (siehe Seite 103: Tipps zum Weiterlesen)! Er kennt die Tricks, wie Sie Ihrem Partner täglich kleine Liebesbeweise und Achtsamkeit schenken können:

- Heften Sie einen Zettel mit einer Liebeserklärung an die Lenkstange seines Fahrrades bzw. an das Lenkrad seines Autos, oder schmuggeln Sie ihn in sein Portemonnaie.

- Überraschen Sie ihn mit einer Einladung ins Kino, in ein besonderes Restaurant oder in Ihr umdekoriertes Schlafzimmer.

- Schneiden Sie ihm einen Witz oder eine Karikatur aus, und legen Sie sie ihm an die Kaffeetasse.

- Sagen Sie ihm Sätze wie:»Was ich besonders an Dir schätze, ist …« und»Wofür ich Dir dankbar bin, ist …«

- Nehmen Sie ein sauberes, leeres Gurkenglas, und füllen Sie es mit vielen kleinen, möglichst bunten Zetteln, auf die Sie Ihre Wünsche an ihn notiert haben. Er darf jeden Tag einen ziehen und den entsprechenden Wunsch erfüllen.

- Rufen Sie ihn im Büro an, aber nicht, um die Einkaufsliste durchzugeben, sondern um eine Liebeserklärung loszuwerden.

- Organisieren Sie einen Babysitter, und besuchen Sie ein Konzert.

- Bleiben Sie zu Hause, und bereiten Sie alles für einen romantischen Abend nach Ihren Vorstellungen vor.

Das Zauberwort für romantische Stunden heißt: Überraschung. Machen Sie einfach mal alles ganz anders als sonst. Denken Sie über die Worte»Entführung« und»Verführung« nach, und schmieden Sie einen Plan.

Tipps zum Weiterlesen

Tobias Drews: Amore, Amore. 2001 Ideen, romantisch zu sein. München: beustverlag 2001

Jennifer Louden: Tut euch gut. Das Wohlfühlbuch für Paare. Freiburg: Hermann Bauer Verlag 2001

Partnermassage

Mit liebevollen Händen berührt zu werden, gehört zu den größten Wohltaten im Leben. Warum tun wir uns so schwer damit? Nun – sicherlich braucht man für eine liebevolle Massage Zeit. Aber wir haben doch alle Zeit! Verwöhnen Sie sich doch mal wieder gegenseitig, statt den Abend vor der Glotze zu verbringen! Hier einige Anregungen:

Feierabendmassage

Geben Sie 2 Tropfen Orangen- und 2 Tropfen Lavendel-Öl in eine Schüssel warmes Wasser. Bereiten Sie Ihrer Liebsten einen schönen Sitzplatz, und waschen Sie ihre Füße zärtlich in der Schüssel. Wickeln Sie dann jeden Fuß in ein vorgewärmtes Handtuch. Ölen Sie anschließend einen Fuß nach dem anderen mit der nachfolgend beschriebenen Öl-Mischung ein, kneten Sie jeden Zeh sanft durch, und streicheln Sie den ganzen Fuß immer wieder. Besonders wohltuende Berührungen wiederholen Sie.

Wenn Sie beide Füße massiert haben, gönnen Sie Ihrer Partnerin eine Pause von ungefähr zwanzig Minuten – und dann lassen Sie sich verwöhnen!

Belebendes Massage-Öl
2 Tropfen Rosmarin und 1 Tropfen Mandarine auf 10 ml Mandel-Öl (das ist ungefähr ein kleiner Eierbecher voll Öl)

Entspannendes Massage-Öl
2 Tropfen Lavendel und 1 Tropfen Rose auf 10 ml Mandel-Öl
oder
1 Tropfen römische Kamille, 1 Tropfen Mandarine und 1 Tropfen Lavendel auf 10 ml Mandel-Öl

Partnermassage

Zärtliche Rückenmassage

Ihre Partnerin liegt »oben ohne« bäuchlings auf einem
Handtuch auf dem Boden oder auf einem Bett, denn
wahrscheinlich haben Sie keine Massageliege.

Streichen Sie dann ohne großen Druck mehrfach mit
zwei Zeigefingern rechts und links die Wirbelsäule entlang
vom Becken aufwärts zu den Schultern und mit den ganzen
Handflächen zu den Seiten wieder zurück zum Becken.
Lassen Sie sich von Ihren Händen zu anderen heilsamen
Berührungen inspirieren, und verwöhnen Sie Ihre Partnerin auf diese Weise.

Nach einer Pause von ungefähr zwanzig Minuten wird
gewechselt.

Massage-Öle für zärtliche Stunden

1 Tropfen Jasmin, 1 Tropfen Sandelholz und 1 Tropfen
Muskatellersalbei auf 10 ml Mandel-Öl
oder
1 Tropfen Rose, 1 Tropfen Oud (Adlerholz) und 1 Tropfen
Lavendel auf 10 ml Mandel-Öl

Wenn Sie weder Zeit noch Lust zum Experimentieren mit
ätherischen Ölen haben, können Sie natürlich auch ferti-
ges Massage-Öl kaufen.

Bitte beachten Sie Folgendes:
Für jede Massage braucht man Zeit, Ruhe und innere Be-
reitschaft. Sie ist dann immer ein großes Geschenk an den
Partner. Männer sollten zärtliche Massagen aber nicht von
vornherein als sexuelles Vorspiel interpretieren – sie
könnten damit die Lust ihrer Partnerin ganz abtöten.
   Auch Sexualität macht nur Spaß, wenn sie freiwillig ver-
schenkt wird.

04

Allein oder
in Gemeinschaft

*Ob wir erreichen,
was wir uns vornehmen,
hängt vom Glück ab,
aber das Wollen ist einzig
Sache unseres Herzens.*

José Ortega y Gasset

Geselligkeit mit Kindern

Ich finde, ein besonders schöner Grund mit Kindern zusammenzuleben, ist die gemeinsam verbrachte Freizeit. Welcher berufstätige Single erlaubt sich denn, durch den Park zu schlendern, auf Spielplatzbänken ganze Nachmittage zu verbummeln, in den Zirkus zu gehen oder im Zoo Ziegen zu füttern?

Kinder sind eigentlich der beste Grund, sich selbst zu erholen. Manche Eltern stressen sich meiner Meinung nach selbst, wenn sie von einer Aktivität zur nächsten eilen, weil sie glauben, den Kindern etwas bieten zu müssen.

Nach meiner Meinung sind Kinder sehr zufrieden, wenn man sie irgendwo in Ruhe spielen lässt. Wenn sie sich im Wald ein schönes Plätzchen suchen oder im Park ihre Lieblingsbank entdecken, reicht das vollkommen. Warum sind denn Kinder im Waldkindergarten so glücklich? Weil sie dort in Ruhe der Natur begegnen können, ohne dass sie angetrieben und immerzu gefordert werden. Kinder lieben es, in einer Pfütze zu rühren oder eine Ameise zu beobachten!

Falls Ihnen das langweilig wird, nehmen Sie sich doch einfach ein schönes Buch mit.

Von den Waldkindern können wir auch lernen, was Sie vielleicht auch schon erfahren haben: Es gibt kein schlechtes Wetter, sondern nur unpassende Kleidung. Mit einem kleinen Styroporbrett oder einer Plastiktüte schützen Sie sich vor Nässe von unten, wenn Sie sitzen; Ihr Kind bekommt eine Gummihose angezogen … und auf geht's! Sicherlich ist es hin und wieder amüsant, einen Freizeitpark zu besuchen. Erholsamer ist es an einem Strand, See oder Bächlein allemal.

Sollte es doch einmal in Strömen gießen, wenn Sie gerade frei haben, ist ein Besuch im Museum oder einer Kunstgalerie vielleicht das Richtige. Als meine Kinder klein waren, habe ich ganze Tage mit ihnen in den Berliner Museen verbracht – und daran erinnern sie sich bis heute gern.

Viele Städte bieten auch kostenlose Freizeitprogramme für Eltern. Das Angebot reicht von Kindertheater über Märchenerzählungen bis hin zu Zoobesuchen. Aber wie gesagt: Weniger ist oft mehr, und es lohnt sich, die kleinen Wunder am Wegrand bewusst wahrzunehmen: eine Schnecke mit einem besonders schönen Gehäuse, die erste Blume im Frühling, Wildgänse, die nach Norden ziehen oder der Abendstern, der Ihrem Kind zublinzelt.

Sport

Dass Menschen nicht wie Maschinen funktionieren, deren Akku irgendwann leer ist, zeigt das Beispiel Sport. Obwohl man sich »verausgabt«, gibt Sport neue Kraft.

Bewegung nützt nicht nur dem Körper, sondern auch der Seele und dem Geist. Menschen mit Depressionen zum Beispiel tendieren dazu, sich nicht zu bewegen. Tatsächlich kann man kaum traurig bleiben, wenn man nach afrikanischen Rhythmen tanzt oder mehrere Kilometer joggt. Es geht einfach nicht!

Körper und Seele beeinflussen sich wechselseitig. Wir wissen das auch von kleinen Kindern. Wenn sie bestimmte Bewegungen wie Balancieren, Klettern oder Schaukeln nicht durchführen können, bekommen sie Schwierigkeiten zum Beispiel mit dem Lesen und Rechnen und werden oft auch aggressiv.

Jüngste Untersuchungen zeigen, dass Sport auch vor Krankheiten schützt. Wissenschaftliche Studien weisen darauf hin, dass Sport zur Prävention von Dickdarmkrebs und Brustkrebs wirksam ist. Er stärkt außerdem die Psyche und das Selbstwertgefühl, erläutert Dr. med. Christine Graf in der Zeitschrift *Psychologie heute* (Heft März 2002): »Hauptsache, Sie machen überhaupt etwas, und Hauptsache, Sie machen das gern. Wir Sportmediziner empfehlen moderaten Ausdauersport, der das Immunsystem fordert, aber nicht überfordert. Minimum sind zwei bis drei Einheiten pro Woche von mindestens zehn Minuten. Optimal wären 30 bis 40 Minuten jeden Tag, wobei man hin und wieder einen Regenerationstag einlegen sollte. Geeignet sind klassische Ausdauersportarten wie Walken, Laufen, Radfahren, Schwimmen und Skilanglauf. Hilfreich ist es auch schon, wenn man das Auto stehen lässt und sich angewöhnt, zu Fuß einkaufen zu gehen.« Wenn Sie früher einen Sport ausgeübt haben, der Ihnen gut tat – was hindert Sie daran, ihn wieder aufzunehmen? Vielleicht haben Sie auch Lust, etwas ganz Neues anzufangen. Ich kenne Frauen, die mit vierzig reiten lernten oder mit Yoga begannen. Es gibt ja so viele unterschiedliche Möglichkeiten!

Wenn Sie noch nie Sport betrieben haben, wozu hätten Sie am ehesten Lust? Und wie lässt sich das mit den Angeboten in Ihrer Nähe verbinden? Manche Väter joggen mit einem Spezialkinderwagen, andere segeln mit kleinen Kindern, fahren Rad oder laufen gemeinsam Schlittschuh.

Musik

Wir Menschen können alle sehen, hören und fühlen. Aber bei jedem Menschen sind diese drei Wahrnehmungssysteme unterschiedlich stark ausgeprägt. Jeder von uns besitzt eine besondere Befähigung. Wenn ich Sie jetzt bitte, sich an den letzten Urlaub zu erinnern, werden einige von Ihnen große farbige Bilder vor ihrem inneren Auge sehen, andere werden ganz deutlich das Rauschen des Meeres oder das Gebimmel der Kuhglocken hören und wieder andere spüren die Sonne noch auf der Haut oder fühlen den Wind im Gesicht und den Sand unter den Füßen.

Diejenigen, die Bilder sehen, sind visuelle Typen. Sie mögen Farben und Formen, ziehen sich geschmackvoll an und sind in der Regel sehr ordentlich. Sie brauchen ein ästhetisches Umfeld.

Die kinesthetischen Typen nehmen bevorzugt über die Haut und den Tastsinn wahr. In ihrer Sprache benutzen Sie Sätze wie »Das fühlt sich gut an« oder »Das bedrückt mich«.

Diejenigen, die Reize bevorzugt über die Ohren aufnehmen, werden leicht durch Geräusche gestört, nehmen Stimmlagen und Ausdrucksstärke sehr sensibel wahr und haben viel Freude an Musik, die Sie ganz bewusst hören und ungern einfach nur vorüberrauschen lassen. Es sind auch die Menschen, die sich Telefonnummern durch lautes Vorsprechen merken und beim Zählen auf den Rhythmus achten. Eins, zwei, *drei*, vier, fünf, *sechs* …

Musik hat einen starken Einfluss auf uns und kann uns helfen, Kraft zu tanken. Mit Musiktherapie werden Menschen geheilt und in positive Grundstimmung versetzt.

Wir wissen von vielen herausragenden Musikern, dass sie sehr glückliche Menschen sind und oft sehr alt werden. Unternehmen Sie also den Versuch, sich mit klassischer Musik frische Kraft zu holen oder mit meditativer Musik zur Ruhe zu kommen. Wählen Sie aus, was Ihnen heute gut tut, statt irgendeinen x-beliebigen Radiosender anzudrehen. Legen Sie sich eine kleine Sammlung klassischer Konzerte zu, wie zum Beispiel die *Vier Jahreszeiten* von Antonio Vivaldi, die *Brandenburgischen Konzerte* von Johann Sebastian Bach oder die Sinfonien von Wolfgang Amadeus Mozart.

Die wohltuende Wirkung von Musik lässt sich mit zahlreichen Beispielen belegen:

- Bei einem Vortrag erzählte mir kürzlich eine Mutter, dass sie von den morgendlichen Streitereien ihrer beiden Kinder am Frühstückstisch sehr beansprucht war. Um die Situation zu entspannen, zündet sie nun jeden Morgen eine Kerze an und legt die CD mit Mozarts Klaviersonaten auf. Der Erfolg ist beeindruckend!

- In einer Schulklasse wird nach jeder Pause über Konflikte geredet und eine Klärung versucht. Anschließend wird ein bestimmtes, ruhiges Musikstück von Kitaro gespielt, das acht Minuten dauert. In dieser Zeit dürfen die Kinder Mandalas ausmalen, die unter den Tischen bereitliegen. Der Unterricht verläuft anschließend besonders konzentriert und entspannt.

- Wiebke legt in schwierigen Zeiten eine Tanzpause ein. Sie stellt sich dann ihre Lieblingsmusik an und tanzt danach. Nach wenigen Minuten ist ihre schlechte Laune verflogen, und sie fühlt sich wieder wohl.

- Hanna hat sich im Alter von dreißig Jahren daran erinnert, dass sie als Kind immer Querflöte spielen wollte, es aber nicht durfte. Jetzt, als erwachsene Frau kann sie diesem Wunsch nachgehen. Durch ihr tägliches Üben entspannt sie sich vor ihren drei Kindern – und niemand wagt es, sie dabei zu stören.

- Für Geza hat der Chor, in dem sie singt, eine ähnliche Funktion. Einmal in der Woche geht sie abends zur Probe, aber jeden Tag trällert sie das Repertoire bei der Küchenarbeit vor sich hin. Auf diese Weise lernen ihre Kinder so nebenbei eine Menge Lieder und wissen genau, wann Mama gute Laune hat.

Umgekehrt können uns Geräusche, Lärm oder unangenehme Musik auch sehr belasten, stören und krank machen.

Wenn Sie als Eltern ständig genervt sind, sollten Sie überprüfen, von welchen Lärmquellen Sie umgeben sind und wie Sie sie beseitigen können:

- Schalten Sie Fernseher, Radio oder Kassettenrekorder nicht einfach so ein, und dulden Sie nicht, dass Ihre Kinder das tun. Kopfhörer können dafür sorgen, das jeder seine Musik hören kann, ohne den anderen zu belästigen.

- Lärmendes Spielzeug, laute Elektrogeräte oder Straßenverkehr sollten Sie meiden, wo es nur geht.

- Sorgen Sie unbedingt dafür, dass Sie am Tag Ruhepausen einlegen, in denen es wirklich ruhig ist, und besorgen Sie sich notfalls Ohrstöpsel.

- Sind Ihre Kinder häufig sehr laut, ist es sinnvoll, nicht laut zu schimpfen, sondern sie stattdessen mit leiser Stimme zu einer ruhigen Beschäftigung einzuladen. Sie tun das am wirkungsvollsten, indem Sie selbst ohne Kommentar anfangen, etwas Ruhiges zu tun. Nach wenigen Minuten werden Ihre Kinder neugierig und schließen sich Ihnen an. Ton oder Knetmasse, mit der modelliert wird, ohne dass bestimmte Ergebnisse dabei herauskommen müssen, Mandalas, die gelegt oder ausgemalt, Perlen, die aufgefädelt werden, sowie alle Arten stiller Handarbeit und das Malen mit Pastellkreiden oder Tusche bei klassischer Musik sorgen für eine entspannte Atmosphäre, bei der die ganze Familie neue Kraft tanken kann.

Tipp zum Weiterlesen

Auguste Reichel: Tanz dich ganz. Kreativ tanzen und bewegen. Impulse für kreative Tanz- und Bewegungspädagogik und bewegte Gesundheitsbildung. Münster: Ökotopia Verlag 1999

Gebete

Wenn nichts mehr geht, kann man immer noch beten. Ich habe gute Erfahrungen damit gemacht, meine Probleme und Sorgen höheren, guten Mächten zu übergeben, indem ich sie darum bitte, mir zu helfen.

Das Universum ist ein freundlicher Ort, und ich bin sicher, dass jeder, der das wünscht, Hilfe erhält.

Versuchen Sie es. Wenn Sie Zweifel haben, tun Sie so, als könnten Sie glauben und vertrauen.

Es wird auch für Ihre Kinder ein Erlebnis sein, wenn Sie sich mitten im Chaos an Ihren Kraftort setzen und ein Ge-

Allein oder in Gemeinschaft

Gebete

bet sprechen. Laut oder leise. Allein die innere Haltung, die Sie dabei einnehmen, wird etwas verändern, und Vertrauen wird in Ihre Familie einziehen.

Es ist übrigens ein Irrglaube, dass nur derjenige beten kann, der über besondere Formulierungsgaben verfügt. Darauf kommt es nun wirklich nicht an! Wichtig ist nicht, wie Sie etwas sagen, wichtig ist nur, was Sie sagen. Lassen Sie also beim Beten die Worte so aus sich heraussprudeln, wie Sie Ihnen von der Zunge kommen.

Werde Gärtner!

»Willst du eine Stunde glücklich sein, betrinke dich. Willst du ein Jahr glücklich sein, heirate. Willst du ein Leben lang glücklich sein, werde Gärtner«, lautet eine alte chinesische Weisheit. Und wie in jeder Lebensregel, so steckt auch in diesem Rat ein Kern Wahrheit. Denken Sie nur an die viel beschworenen »Frühlingsgefühle«. Wenn nach einem langen Winter der erste sonnige Tag kommt, haben die Blumenverkäufer Hochkonjunktur. Jeder sehnt sich dann nach den ersten Primeln, Narzissen und Tulpen und ist dankbar, dass die Gärtner mit ihren Gewächshäusern der Natur schon ein wenig vorgegriffen haben.

Ohne Pflanzen könnten wir nicht leben. Abgesehen von der Atemluft, die uns fehlte, ist die Vorstellung, in einer Welt ohne Pflanzen zu leben, für viele Menschen ein Albtraum.

Wenn ich mit Menschen arbeite, die seelische Traumata erlitten haben, gebe ich ihnen irgendwann Samen. Mit anzusehen, wie aus einem kleinen Korn eine Blume wächst, gehört zu den heilsamsten Erfahrungen eines kranken Menschen.

In Göttingen gibt es seit 1995 die *Internationalen Gärten* (Adresse siehe Anhang). Mit Unterstützung der Kirche erhielten Flüchtlinge aus vielen Ländern hier die Möglichkeit, Orte der multikulturellen Begegnung zu schaffen.

Werde Gärtner!

»Selbst schwer traumatisierte Flüchtlinge finden in der ruhigen Gartenarbeit einen Teil ihrer Selbstachtung und Energie zurück«, erklärt der Leiter des Projektes, ein Agraringenieur aus Äthiopien.

Pflanzen geben uns Kraft. Sie verbessern nicht nur die Raumluft in unseren Stuben, sie erfrischen uns auch mit ihrer Energie und ihrem »So-sein«.

In jeder Wohnung kann man Pflanzen halten, und wer einen Balkon hat, kann sich dort ein kleines Paradies einrichten, das Ihre Kinder genauso lieben werden wie Sie selbst. Aus einer im Herbst gesammelten Kastanie kann man leicht einen kleinen Baum ziehen, und selbst Tomaten lassen sich von selbst gezogenen Pflanzen ernten. In Städten kann man beobachten, wie viel Liebe manche Bewohner in ihre Hinterhof-Gärten stecken, und aus New York ist bekannt, dass sich dort die Ärmsten der Armen wunderschöne Gärten angelegt haben, aus denen sie viel Kraft ziehen.

Natürlich – am schönsten ist der eigene Garten. Es gibt Menschen, die ihre ganze Lebensenergie in so ein Stück Erde stecken, aber auch genauso viel zurückbekommen. Gärten sind heilsam. Wenn Ihnen das Gärtnern liegt: Schaffen Sie sich einen Paradiesgarten, einen Garten der Kraft, wie Stefan Brönnle das nennt, in dem Sie immer wieder auftanken können.

Und wenn Sie keinen eigenen Garten haben, können Sie öffentliche Gärten besuchen. Ich habe meine Kinder zum Teil im Botanischen Garten von Berlin groß gezogen – ein wunderbares Stück Erde! Als Kind bin ich selbst regelmäßig im Botanischen Garten von Hannover gewesen und erinnere mich bis heute an meine Lieblingsstellen. Es ist auch erholsam und anregend, durch Laubenkolonien zu spazieren oder die Gärten von Freunden zu genießen.

Vielleicht haben Sie auch Lust, den Schulgarten Ihrer Kinder mitzugestalten oder im Kindergarten selbst Hand anzulegen und ein paar »grüne Ecken« für die Kleinen einzurichten.

> ## Tipps zum Weiterlesen
>
> *Richard Wagner:* Naturspielräume gestalten und erleben. Münster: Ökotopia Verlag 1998
>
> *Erich Lutz* und *Michael Netscher:* Handbuch ökologischer Kindergarten. Kindliche Erfahrungsräume neu gestalten. Freiburg: Herder Verlag 1996

Rituale

Allein, mit einem Partner, mit der Familie oder mit Freunden: Rituale können Kraft geben und das Alltagschaos mit Kindern strukturieren helfen.

Wie der Atem uns täglich begleitet, so können Rituale uns durch Jahr und Tag führen und uns wie Wanderstöcke auf unebenen Wegen oder in schwierigen Phasen Halt geben.

Die erste Tasse Kaffee am Morgen, die Verabschiedung von Schulkindern, der Anruf im Büro, die gemeinsame Teestunde am Nachmittag, die Mahlzeiten, die wir mit der Familie einnehmen, das abendliche Zubettgehen – all diese Rituale kennen die meisten von uns und nehmen sie oft gar nicht mehr wahr.

Es gibt aber auch kraftraubende Rituale:

- den ewigen Ärger mit den Hausaufgaben,
- das Chaos am Esstisch,
- den Streit um den Küchendienst,
- das Drama mit dem Zähneputzen.

Solche eingeschliffenen Muster sollten wir am besten überwinden, zum Beispiel, indem wir eine Prise Humor zufügen, uns zusammensetzen und beratschlagen oder uns selbst einfach ganz anders verhalten als sonst:

Rituale

- In einer Liebesgeschichte habe ich gelesen, dass ein Mann seiner Frau jeden Mittwoch eine Postkarte überreichte, die er liebevoll aussuchte und beschrieb.

- Wie wäre es, jeden Morgen mit einem Gebet zu beginnen, in dem Sie um Kraft für den Tag bitten?

- Wie wäre es, wenn Sie gerade in anstrengenden Zeiten zum Frühstück eine Kerze anzünden und klassische Musik dabei hören?

- Wie wäre es, wenn Sie sich mit ihren Lieben abends um einen Tisch versammeln, und jeder erzählt, was er heute bedauert, was schön war und wofür er dankbar ist?

- Was halten Sie davon, einen fernsehfreien Abend in der Woche zu organisieren, an dem sich jedes Kind abwechselnd ein Spiel oder eine andere gemeinsame Tätigkeit wünschen darf?

- Aber auch das gemeinsame Genießen der Lieblingssendung kann zu einem schönen Ritual für die ganze Familie werden. Das geschieht eben nur am Donnerstag, und nur dann gibt es diese leckeren Kekse und einen besonderen Saft, und danach geht jeder ohne Geschrei ins Bett.

- Bei Hansens kocht jeden Freitag der Papa mit seinen beiden Söhnen. In dieser Zeit schreibt Mama regelmäßig Tagebuch.

- Müllers gehen nun schon seit Jahren jeden Abend mit ihrem Hund eine Runde spazieren und erzählen sich dabei die Erlebnisse des Tages. In dieser Zeit sind die Schulkinder allein zu Hause und bereiten das Abendbrot vor.

Aber auch ein gemeinsames Schaumbad kann zum Ritual werden, ebenso wie die Vorlesestunde am Abend bei Kerzenschein oder das Wecken am Morgen mit einem ganz persönlichen Lied.

In jeder Familie sollte es allerdings ein »Streitschlichter-Ritual« geben. Manchmal genügt ein »Wollen wir uns wieder vertragen?«, und manchmal braucht es mehr. Ein kleiner runder Tisch mit einer besonderen Decke kann als

»Klärungs-Tisch« dienen. Dort dürfen die streitenden Parteien sitzen, wenn die heftigsten Gefühle abgeklungen sind. Jeder darf ausreden. Jeder wird gehört. Es wird geklärt, welches Bedürfnis hinter der Handlung stand, die den Streit auslöste. Konflikte entstehen immer aus unterschiedlichen Bedürfnissen – und die sind in jeder Familie normal. Anschließend wird ein Kompromiss oder Konsens gefunden und die Versöhnung mit Handschlag, Kuss oder einer anderen kleinen Geste besiegelt.

Man kann auch gemeinsam einen Apfel teilen und jeder seinen Teil essen oder ein Herz-Puzzle wieder zusammenfügen. Glauben Sie mir – an solche Rituale werden sich ihre Kinder ein Leben lang erinnern! Und es wird sie befähigen, auch im späteren Leben Konflikte gewaltfrei zu lösen.

Sehr lebensnah und herzlich beschreibt Astrid Lindgren in *Wir Kinder aus Bullerbü* den Streit der Freundinnen Lisa und Inga, die sich vorwerfen, beim Hops-Spiel auf die Linie getreten zu sein. Lisa beschließt wutentbrannt, nie wieder mit Inga und Britta zu spielen – was ihr aber schon am nächsten Tag Leid tut.

Wenn wir unseren Kindern regelmäßig Geschichten vorlesen, die so anschaulich beschreiben, wie es anderen geht, wie andere ihre Probleme lösen, und dass Versöhnung etwas Wunderbares ist, geben wir ihnen sehr wertvolle Erfahrungen mit auf den Weg. Auch solche Lese-Stunden sind Rituale, die lange nachklingen.

Ich selbst hätte mir gern ein Ritual gewünscht, was wir leider bis heute nicht realisiert haben: Jeden Freitag mit allen gemeinsam das Haus putzen und anschließend essen gehen.

Ein sehr wichtiges Ritual ist die *Familienkonferenz*. Sie findet regelmäßig mit Kindern statt, die schon schreiben können. Zunächst notieren alle ihre Kritikpunkte auf Karten: Was hat uns in letzter Zeit nicht gefallen? Nun bekommt jeder drei Bewertungspunkte, die er nach Belieben vergeben kann. Die Kritik, die die meisten Bewertungspunkte erhält, wird zum Thema erklärt. Jetzt machen alle wieder auf Karten schriftliche Lösungsvorschläge. Alle

Vorschläge werden wieder mit drei Punkten bewertet. Die Lösung mit den meisten Punkten wird ausgewählt und für einen festgelegten Zeitraum erprobt. Dieses Verfahren mag Ihnen mühsam erscheinen – aber glauben Sie mir, es macht auch viel Spaß!

Wenn Sie jetzt an eine Situation in Ihrer Familie denken, die Sie als sehr anstrengend empfinden, denken Sie doch mal über ein Ritual nach: Schaffen Sie sich ein eigenes Ritual, bei dem Musik, Farben (z.b. Tischdecken, Kerzen, Kleidung) und Symbole (z.b. Speisen und Getränke, Bilder) eine besondere Rolle spielen.

Allein das Auflegen einer besonderen Tischdecke, das Entzünden einer Kerze, das Aufsagen eines Zauberspruches oder Ihr geheimnisvolles Gesicht kann eine positive Wendung herbeiführen.

Rituale sind deshalb so wirksam, weil sie mehrere Sinne ansprechen und Körper, Geist und Seele miteinander verbinden. Wenn wir Ostern Eier essen, ist das kein rein körperlicher Vorgang, sondern es verbindet uns mit dem wieder erwachenden Leben, der Sonne, der Auferstehung und der Freude, dass der Tod besiegt ist. Aber nicht nur die großen Feste im Jahr, auch der Alltag kann mit Ritualen verschönert, geregelt und mit Liebe durchsetzt werden. Mit Hilfe von Ritualen können wir gemeinsam Kraft tanken.

Tipps zum Weiterlesen

Margarethe Schindler: Heute schon geküßt? Paare brauchen Rituale. Freiburg: Herder Verlag 2001

Gisela Preuschoff. Geborgen im Jahreskreis – Rituale mit Kindern. Stuttgart: Kreuz Verlag 2000

05

100 Ideen, die fast nichts kosten und Freude machen

Die Konjugation hat Recht:
ohne Ich kein Du, kein Er,
keine Sie usw.
Nichts ist, wo nicht Ichs sind.

Kurt Marti

Nutzen Sie diesen Fundus an Ideen, greifen Sie zu, und freuen Sie sich über das Ergebnis! Natürlich müssen Sie sich nicht der Reihe nach bis zum letzten Vorschlag durcharbeiten – steigen Sie einfach dort ein, wo es Ihnen gefällt!

Nehmen Sie sich das erste Fotoalbum vor, das Sie angelegt haben, als Ihr Kind gerade geboren war, und betrachten Sie auch die Glückwunschkarten zu seiner Geburt.

Gehen Sie an einem Regentag mit Gummistiefeln und einem großen Schirm durch Pfützen spazieren, nehmen Sie Ihren Partner mit, und fühlen Sie sich, als seien Sie frisch verliebt.

Listen Sie alle Erfolge in Ihrem Leben auf.

Träufeln Sie drei Tropfen ätherisches Orangen-Öl auf ein feuchtes Taschentuch, und legen Sie es auf die warme Zentralheizung.

Suchen Sie im Vorfrühling im Wald nach ersten Anzeichen des wieder erwachenden Lebens. Wie viele finden Sie?

Übernehmen Sie ein Ehrenamt, das Ihnen richtig Freude macht.

...und Freude machen

Geben Sie etwas auf, das Ihnen keine Freude mehr macht, zum Beispiel eine Beziehung oder ein Amt.

Begeben Sie sich mit dem Fotoapparat auf Motivsuche.

Lesen Sie Ihren Kindern ein gutes Buch vor.

Durchforsten Sie Ihren Kleiderschrank, und verschenken Sie Überflüssiges.

Holen Sie Erkundigungen über eine Sache ein, die Sie schon lange interessiert - zum Beispiel *Tai Qi*.

Stricken oder nähen Sie sich etwas Schönes.

Legen Sie sich von abgetragenen Kleidern eine Knopfsammlung an, und denken Sie sich Spiele oder Kunstwerke damit aus.

Gehen Sie in die Stadtbibliothek, und lesen Sie dort eine Zeitung Ihrer Wahl, während Ihre Kinder sich Bilderbücher aussuchen.

Gehen Sie schwimmen.

Gehen Sie mit Ihren Kindern auf den Spielplatz, und stecken Sie sich einen guten Roman ein.

Pflücken Sie sich einen Strauß Wildblumen, oder suchen Sie nach attraktiven Zweigen oder Gräsern.

Kaufen Sie sich Samen, und ziehen Sie Ihre Sommerblumen selbst.

Bitten Sie Ihre Freundin um einen Ableger, und pflanzen Sie diesen ein.

Nehmen Sie das Haustier Ihrer Nachbarin in Pflege.

Machen Sie einem Menschen, einer Pflanze oder einem Tier eine Freude.

Kaufen Sie sich eine Postkarte mit einem Bild, das Sie anspricht und Ihnen Kraft gibt.

...und Freude machen

Zünden Sie ein Räucherstäbchen an.

Notieren Sie auf einer Liste die Dinge, auf die Sie stolz sind.

Gönnen Sie Ihren Füßen ein warmes Bad, und ölen Sie sie anschließend ein.

Fertigen Sie eine Collage über Ihren größten Wunsch an.

Entwerfen Sie eine Geburtstagskarte oder eine Einladung für eine Freundin.

Machen Sie eine Liste der Menschen, die Sie lieben.

Schauen Sie sich einen Sonnenaufgang oder Sonnenuntergang an.

Kochen Sie sich eine Tasse Tee, und feiern Sie eine Tee-Zeremonie mit sich selbst.

Gehen Sie bei Vollmond spazieren.

Lesen Sie Ihre Sammlung schöner Sprüche, und schreiben Sie einen davon auf buntes oder marmoriertes Papier.

Erforschen Sie Ihren Stammbaum, und gönnen Sie Ihren Vorfahren einen Platz auf der Kommode – falls Sie Fotos von ihnen besitzen.

Bitten Sie jemanden, Ihnen die Füße oder den Rücken zu massieren.

Sagen Sie Nein, wenn Sie Nein meinen.

Zünden Sie eine Kerze an.

Kochen Sie sich heute etwas ganz Besonderes.

Nähen Sie ein Bild oder eine Tasche aus Stoffresten oder alten Kleidern.

...und Freude machen

Leihen Sie sich ein witziges Video, und schauen Sie es an.

Schreiben Sie ein Chaos-Tagebuch, und übertreiben Sie dabei maßlos.

Rufen Sie Ihre beste Freundin an.

Schreiben Sie einen Liebesbrief.

Legen Sie sich für eine Stunde aufs Sofa oder ins Bett.

Schreiben Sie eine Wunschliste an Ihre Familie.

Gehen Sie in einen Tierpark oder Zoo.

Besuchen Sie einen Botanischen Garten mit Gewächshäusern, wenn es draußen kalt ist.

Nehmen Sie sich eine einzige Ecke in Ihrer Wohnung vor, und gestalten Sie diese neu.

100 Ideen, die fast nichts kosten...

...und Freude machen

Schneiden Sie aus altem Geschenkpapier Herzen aus, und gestalten Sie damit Karten, Umschläge oder Fotoalben.

Pusten Sie Eier aus, und malen Sie sie an.

Besorgen Sie sich Wasserfarben, und lassen Sie diese auf feuchtem Papier verlaufen. Gestalten Sie so Geschenk- oder

Briefpapier.

Gehen Sie Ihr Adressbuch durch, und überlegen Sie, wem Sie schreiben könnten.

Lesen Sie Ihren Kindern ein Märchen vor, und versuchen Sie es nachzuspielen.

Machen Sie jedem Ihrer Kinder ein Kompliment.

Besorgen Sie sich Ton, und kneten Sie etwas daraus.

...und Freude machen

Zeichnen Sie einen Alltagsgegenstand, der Ihnen Freude bereitet.

Erstellen Sie eine Farbcollage aus Pralinen- oder Ostereierpapier, Werbeblättchen und anderen bunten Papieren, die Sie bei sich entdecken, und beteiligen Sie Ihre Kinder daran.

Schneiden Sie im Vorfrühling Zweige ab, die dann in der Vase nach einiger Zeit austreiben und blühen.

Notieren Sie, wofür Sie dankbar sind. Überlegen Sie, wie Sie diesen Dank ausdrücken können.

Suchen Sie im Park nach Tierspuren.

Lesen Sie Gedichte, und lernen Sie Ihr Lieblingsgedicht auswendig.

Planen Sie den nächsten Urlaub.

Erinnern Sie sich an Ihr Lieblingsspiel als Kind, und bringen Sie es Ihren Kindern bei.

Üben Sie einen Kanon ein, den Sie mit der ganzen Familie singen.

Laden Sie sich bei jemandem zum Essen ein. Andere machen Ihnen gern eine Freude!

Mischen Sie sich aus Sahne, Honig und ätherischem Öl einen besonderen Badezusatz, lassen Sie sich ein Bad ein, und schalten Sie ab.

Schreiben Sie Geschichten aus Ihrer Kindheit auf, und lesen Sie sie Ihren Kindern vor.

Kaufen Sie sich Wolle, und stricken Sie einen Schal oder Socken.

Lesen Sie eine Liebesgeschichte zum Beispiel aus: *Jack Canfield* und *Mark Victor Hansen:* Hühnersuppe für die Seele. München: Goldmann 1996

Filzen Sie etwas aus Märchenwolle. Eine Anleitung dazu finden Sie bei: *Monika* und *Jürgen Fergg:* Filzen für Einsteiger. Augsburg: Augustus Verlag 1998

...und Freude machen

Schreiben Sie auf, was Sie sich für Ihr Leben noch wünschen.

Nehmen Sie einen großen Karton, und basteln Sie daraus einen hübschen *Kummerkasten* für die ganze Familie.

Zeichnen Sie eine Blüte, die Ihnen besonders gefällt.

Erfinden Sie ein Würfelspiel auf einem großen Bogen Papier, und erproben Sie es mit Ihren Kindern.

Erzählen Sie einen Witz, und lassen Sie sich einen erzählen.

Liebe ist ... Vervollständigen Sie so viele Sätze wie möglich, und legen Sie sich dazu ein Buch an, das von der Familie ergänzt werden kann.

Denken Sie über die Anschaffung eines Haustieres nach.

Nehmen Sie sich vor, heute eine Sache ganz anders zu machen als sonst, und beobachten Sie, was passiert.

Meditieren Sie zwanzig Minuten lang, indem Sie einfach still sitzen und auf Ihren Atem achten.

Stechen Sie zum Frühstück Brot in Herzform aus.

Erzählen Sie sich gegenseitig, was Sie tun würden, wenn Sie nur noch einen Tag zu leben hätten.

Planen Sie einen Feiertag ohne Uhr ein.

Verabreden Sie sich mit Ihrem Mann zu einem gemeinsamen Abend.

Legen Sie Ihre Lieblingsmusik auf, und tanzen Sie danach!

Streichen Sie einen einfachen Gegenstand in Ihrer Lieblingsfarbe an – zum Beispiel ein Regal, eine Kiste oder einen Stuhl.

...und Freude machen

Entwerfen Sie ein Familienwappen.

Gehen Sie spazieren, und halten Sie nach einem »Zeichen« Ausschau, zum Beispiel die erste Schwalbe im Mai oder das erste Schneeglöckchen im Januar.

Erzählen Sie Ihren Kindern, was Sie heute erfreut hat.

Bekleben Sie eine Schachtel mit schönem Papier, und bewahren Sie Kinderzeichnungen oder Liebesbriefe darin auf.

Falten Sie etwas aus Papier; Ideen finden Sie in Origami-Büchern.

Bringen Sie sich etwas Schönes von einem Spaziergang mit.

Lesen Sie ein witziges Buch zum Thema Familienchaos, beispielsweise *Hera Lind: Das Superweib* oder *Antje Potthoff: Sechs Kinder, Katzen und Karriere*.

Servieren Sie sich einen leckeren Obstteller, und genießen Sie die frischen Früchte.

Bedenken Sie ein Ereignis, das Sie ärgert oder beschäftigt, und entdecken Sie das Positive daran. Denn Sie wissen: Jedes Problem hält ein Geschenk bereit.

Erinnern Sie sich ganz bewusst an ein schönes oder lustiges Ereignis, und gehen Sie es im Geiste noch einmal durch.

Erzählen Sie sich gegenseitig, welche drei Gegenstände Sie mit auf eine einsame Insel nehmen würden.

Sammeln Sie bunte Blätter oder Blüten, und pressen Sie sie zwischen alten Zeitungen.

Planen Sie eine Auszeit für sich selbst, und freuen Sie sich schon heute darauf.

...und Freude machen

Notieren Sie die Namen von Personen, die freundliche, liebevolle und nährende Qualitäten besitzen, und bitten Sie eine dieser Personen um Hilfe.

Kaufen Sie sich eine Wassermelone oder Kirschen, und spucken Sie die Kerne aus dem Fenster.

06

Tue nichts – und alles ist getan

Nicht von der Vermehrung der Freude an der Arbeit, sondern von der Vermehrung der Muße verspreche ich mir einen Fortschritt.

Bertrand Russel

Tue nichts – und alles ist getan: Diese Weisheit von Laotse ist nichts für Arbeitssüchtige. Und klingt sie nicht auch ein wenig übertrieben?

Manchmal bleibt uns aber gar nichts anderes übrig. Dann sitzen wir einfach heulend auf der Bettkante. Die meisten von uns überleben solche Tage. Bemerkenswert gut sogar. Die Kinder, die sich eben noch wie die Kesselflicker gestritten haben, sind plötzlich still und rücksichtsvoll. »Psst. Mama geht es nicht gut. Soll ich Dir einen Kaffee kochen, Mama?«

Wenn nichts mehr geht, geht manches von allein. Dann werden plötzlich Kräfte frei, und andere übernehmen die Verantwortung.

Wu wie heißt so viel wie »die Kunst des Nichthandelns«. Es ist eine Lebensweisheit, die allerdings unserem Alltagsdenken diametral entgegengesetzt zu sein scheint. Nicht handeln bedeutet, sich dem Fluss des Lebens anzuvertrauen, nicht zu denken, sondern mit der guten Energie, die alles durchzieht, mitzufließen.

Wenn es etwas gibt, was höher ist als alle Vernunft, wäre es dann nicht sinnvoll, sich diesem Höheren anzuschließen?

Oft erschaffen wir uns durch unsere Handlungen Leid. Wir zerren unsere Kinder hierhin und dorthin. Wir bewerten ihr Verhalten und ihre Leistungen. Wir bekämpfen ihren Eigenwillen und zwingen sie in unsere Pläne. Wir rackern uns ab, um ihre Wünsche zu erfüllen, die sich zwei Tage später schon wieder geändert haben.

Versuchen Sie es einmal mit nichts tun, mit beobachten, mit präsent und wach sein im Jetzt.

Es gibt einen Witz über Touristen, die aus dem Bus stürzen und die prächtige Landschaft fotografieren. Nur einer betrachtet still das Bild, das sich ihm bietet. »Warum fotografieren Sie nicht?«, wird er gefragt. »Ich schau´s mir gleich hier an«, ist seine Antwort.

Probieren Sie es aus: Nichtstun schärft den Blick für das Wesentliche. Nichtstun verändert unseren Alltag. Nichtstun hat magische Kräfte. Aus dem Nichtstun ergeben sich ungeahnte Möglichkeiten. Nichtstun macht kreativ.

Packen Sie es an! Packen Sie sich hin! Tun Sie nichts! Und Sie werden staunen!

07

Das ABC der Entspannung

Andere beherrschen
erfordert Kraft.
Sich selbst beherrschen
erfordert Stärke.

Laotse

Atem

Wir können viele Tage ohne Nahrung auskommen und einige Tage ohne Wasser. Unser Atem aber ist unentbehrlich, er ist der Quell des Lebens schlechthin. Der Atem ist unser Lebenselixier, und wenn wir lernen, ihn bewusst zu nutzen, können wir fast alle Probleme lösen. Wenn wir uns hinsetzen, still werden und auf den Atem achten, werden wir nicht nur ruhig und entspannt, sondern erhalten auch Antworten auf zentrale Lebensfragen, werden inspiriert und geführt. Die Bedeutung des Atems kommt auch in Redewendungen wie »einen langen Atem haben«, »atemlos sein«, »in Arbeit ersticken« zum Ausdruck.

Entspannen können wir mit Hilfe der Bauchatmung. Dabei wölbt sich der Bauch beim Einatmen nach außen und zieht sich beim Ausatmen wieder zusammen. Halten Sie beim Einatmen einen Moment inne, und atmen Sie dann weiter ein, lassen Sie beim Ausatmen die Luft sanft durch den Mund ausströmen, bis keine Luft mehr kommt. Schon nach neun Atemzügen werden Sie sich ruhiger und entspannter fühlen.

Stellen Sie sich jeden Tag mehrmals für ein paar Minuten vor, Sie würden mit dem Herzen atmen. Atmen Sie ein, atmen Sie aus – nichts weiter.

Bauch

Was wir Frauen schon immer gewusst haben, ist nun auch wissenschaftlich bewiesen. Unser Bauch ist klug, und wenn wir »aus dem Bauch heraus« handeln, ist das nicht verkehrt. In seinem Buch *Der kluge Bauch – Die Entdeckung des zweiten Gehirns* beschreibt der Neurobiologe Michael Gershon die Wunder dieser Körperregion und die verblüffende Ähnlichkeit mit dem Kopfhirn. Mit seinen 100 Millionen Nervenzellen hat der Bauch mehr Neuronen als das gesamte Rückenmark. Im Bauch befindet sich auch die Quelle der Glückshormone Serotonin und Dopamin. Selbst beruhigende Chemikalien wie die Benzodiazepine werden hier produziert. Entspannungsübungen trainieren den natürlichen Entspannungsreflex im Körper und versorgen uns mit guter Energie. Schon die alten Meister wussten: Der Bauch ist das Universum des *Qi*, die Schaltzentrale für Leib und Seele. Setzen Sie sich still hin, und denken Sie an Ihren Bauch. Er ist der Himmel im Menschen, ein Tank voller Lebensenergie. Stellen Sie sich vor, mit dem Bauchnabel zu atmen. Visualisieren Sie dabei goldenes Licht, das beim Einatmen Ihren Bauch durchflutet und Ihren ganzen Körper mit Wohlbehagen erfüllt.

Chakren

In der ayurvedischen Tradition Indiens und in der chinesischen Medizin sind sieben wirbelförmige Haupt-Energiezentren bekannt, die *Chakren*. Daneben gibt es jedoch weitere *Chakren*, zum Beispiel in den Händen und Füßen. Sie nehmen Impulse aus der Außenwelt auf und verteilen sie im Körper. Den *Chakren* sind Elemente und Farben zugeordnet, die uns bei der Meditation helfen können, wenn man sich eingehender damit befasst.

Die Bezeichnung der *Chakren* stammt aus dem Sanskrit, der alten indischen Sprache:

1. *Muladhara* – Wurzel-Chakra (mula = Wurzel, adhara= Zentrum): es liegt eine Hand breit unter dem Bauchnabel und ist dem Element Erde und der Farbe Rot zugeordnet. Hier wohnt unsere Sexualität, die *Kundalinikraft*, das Leben, der Alltag. Es hilft uns, uns zu verwurzeln und nicht abzuheben, sondern voll und ganz im Leben zu stehen. Stellen Sie sich vor, dass Sie durch das Wurzel-Chakra die Energie und Kraft der Erde beim Einatmen in sich aufnehmen.

2. *Svadhistana* – Polaritäts-Chakra oder Nabel-Chakra (Sva = das, was zu uns gehört, sthan = der eigene Wohnplatz): Es liegt unter dem Bauchnabel und ist

dem Element Wasser zugeordnet. Seine Farbe ist das Orange. Hier ist der Sitz des Unbewussten.

3. Manipura – Sonnengeflecht (mani = Juwel, pura = Stadt): Das Sonnengeflecht liegt oberhalb des Bauchnabels, in unserer Mitte. Das Element des Sonnengeflechts ist das Feuer, und seine Farbe ist das Gelb. Hier wird das Getrennte vereint, hier liegt unsere Kraftquelle.

4. Anahata – Herz-Chakra (an-ahata = ungeschlagen): Es liegt in Höhe unseres Herzens und ist der Farbe Grün zugeordnet. Sein Element ist die Luft. Hier können wir Frieden fühlen.

5. Vishuddhi – Hals-Chakra (Vishuddhi = Reinigung): Das Element des Hals-Chakra ist der Äther, der Übergang zwischen Materie und Geist. Seine Farbe ist das Blau. Hier ist der Sitz der Symbole und der psychischen Realität.

6. Ajna – Stirnauge (Ajna = Weisung): Mit dem dritten Auge können wir das innere Sehen üben, das über unsere Alltagserfahrungen hinausgeht. Wir sind dort mit dem Göttlichen oder dem, was »höher ist als alle Vernunft«, verbunden. Von dort erhalten wir dann auch Weisungen, die jedoch nicht als Befehle oder Gesetze zu verstehen sind, sondern uns die Kraft geben, uns selbst zu verwirklichen. Dem dritten Auge ist die Farbe Indigo – ein tiefes rötliches Blau – zugeordnet.

7. Sahasrara-Kronen-Chakra (sahasrara = tausendblättriger Lotus): Das Kronen-Chakra liegt jenseits jeder Erfahrung. Es ist sozusagen alles und nichts, die Einheit von allem, was ist. Seine Farbe ist das Violett.

Wer sich intensiver mit den *Chakren* beschäftigen möchte, wird in der Philosophie des *Yoga* und des *Taoismus* mehr darüber erfahren. Der Theologe und Jung´sche Analytiker Dr. Arnold Bittlinger bezeichnet die von ihm entwickelte »Chakren-Meditation« als einen »Weg zur Selbstwerdung«.

Das ABC der Entspannung

Demut

hilft uns, loszulassen und zu entspannen. Wir haben im Leben nie alles im Griff. Wenn wir anerkennen, dass es etwas gibt, das »höher ist als alle Vernunft«, ist es sinnvoller, sich diesen guten Mächten anzuvertrauen, statt vergeblich um Sicherheit zu kämpfen. In der evangelischen Kirche gibt es einen Segensspruch, der lautet: »Der Friede Gottes, der höher ist als alle Vernunft, bewahre eure Herzen und Sinne.«

Energie

Sie durchströmt das Universum. Sie erschöpft sich nie und erlaubt uns, nachzutanken. Wenn wir uns der energetischen Kraftquelle des Universums anschließen, brauchen wir nicht mehr zu fürchten, »auszubrennen«. Der Weg zu dieser Kraftquelle erfordert Übungen, die den Körper und die Vorstellungskraft betreffen, zum Beispiel *Yoga, Tai Qi, Qi Gong* oder verwandte oder abgeleitete Übungsformen wie *Atemarbeit nach Middendorf* oder *Euthonie*.

Faul

zu sein ist manchmal sinnvoller als sich anzustrengen. Barbara Berckhan schreibt dazu: »Es sind die kleinen, aber genialen Veränderungen, die den Alltag erleichtern. Sie können mit wenig Aufwand viel erreichen.« Dem ist nichts hinzuzufügen (vgl. Barbara Berckhan: Schluss mit der Anstrengung! Siehe Literaturempfehlungen, Anhang Seite 155).

Gehen

kann zur Meditation werden, wenn wir uns bewusst auf die Schritte konzentrieren. Meditieren Sie beim Gehen mit Ihrem Baby auf dem Arm, machen Sie lange Spaziergänge in die Natur. Verbinden Sie das Gehen mit bewusstem Atmen.

Hatha Yoga

sind Körperübungen, die die Entspannung begünstigen und der Gesundheit dienen.

Identifikation

macht einen Teil unserer Anspannung aus. Wenn wir uns mit unseren Gedanken und Gefühlen identifizieren, leiden wir früher oder später. Tatsächlich sind wir mehr als nur Gedanken und Gefühle. Das zeigt sich daran, dass wir sie beobachten können. Dieses Mehr ist unsere Essenz, unser göttlicher Kern und der Anschluss an eine universelle Kraftquelle.

Ja sagen

zu dem, was ist, trägt zur Entspannung bei. Trotzdem muss auch das Neinsagen gelernt werden. Nur wer Nein sagen kann, kann auch aus ganzem Herzen Ja sagen. Beides gehört zusammen wie *Yin* und *Yang*.

Kundalini Yoga

Kundalini ist ein Schlangen-Symbol für die Kraft am unteren Ende unserer Wirbelsäule. Die Übungen des *Kundalini Yoga* helfen, diese Kraft nutzbringend zu entfalten.

Lotus

Der Lotus, eine Pflanze, die in sumpfigen Gewässern Asiens wächst und einer Seerose ähnelt, ist ein Symbol für Frieden und Entspannung. In Darstellungen sieht man Buddha häufig im Lotussitz auf einem Meer von Lotusblüten. Der Lotus symbolisiert die innere Stille der menschlichen Seele und das überwundene Leid, denn die Blüte erhebt sich majestätisch aus dem trüben Wasser zum Himmel.

Mantra

Ein *Mantra* besteht aus Silben, die einen beruhigenden Klang haben und das Denken in der Meditation verhindern sollen. Altindische *Mantras* sind zum Beispiel »soham«, »ich bin« oder »ah-nam«,»namenlos«. Im Prinzip ist jedes *Mantra*, also jedes Wort, das in mir Frieden auslöst, zur Meditation geeignet.

Das ABC der Entspannung

Mudras

sind Fingerstellungen, die bestimmte Körperfunktionen und geistig-seelische Zustände begünstigen. Gertrud Hirschi hat sie »Yoga mit dem kleinen Finger« genannt (siehe Literaturempfehlungen, Anhang Seite 155).

Der Begriff *Mudra* beinhaltet aber auch die Bedeutung »Symbol« oder »Haltung«. Aus bestimmten Haltungen geht ein Verhalten hervor. Das zeigt uns wiederum die Verbindung von Körper, Geist und Seele.

Testen sie selbst:

- Das *Prithivi-Mudra* oder *Erd-Mudra* gibt Kraft und Selbstvertrauen: Legen Sie die Spitzen von Daumen und Ringfinger mit leichtem Druck aneinander, und strecken Sie die anderen Finger. Halten Sie das *Mudra* dreimal täglich 15 Minuten lang.

- *Pran-Mudra* oder *Lebens-Mudra*: Legen Sie die Spitzen von Daumen, Ringfinger und kleinem Finger aufeinander, die übrigen Finger bleiben gestreckt. Üben Sie dreimal täglich 15 Minuten. Das *Mudra* wirkt gegen Müdigkeit und Nervosität.

Natur

In der Natur können wir uns sehr gut und nachhaltig entspannen. Pflanzen und Tiere helfen uns, im Gleichgewicht zu bleiben. Erde, Wind und Wasser bringen uns positive Energie und Kraft.

Om

Die Silbe *om* ist die heiligste und umfassendste. Es ist die Schwingung, die das gesamte Universum durchzieht.

Wenn wir uns wirklich darauf einlassen und beim Ausatmen »ommmm« aus uns heraustönen, verändert sich etwas: Wir werden ruhig und entspannt. Die Silbe *om* dreimal beim Ausatmen zu singen, ist eine sehr gute Einleitung für jede Meditation.

Pause

Legen Sie öfter einmal eine Pause ein! Schirmen Sie sich für zehn bis zwanzig Minuten von Ihrer Familie ab.

Die folgenden kleinen Übungen sind sogar noch kürzer:

● Setzen Sie sich in einen Sessel oder Stuhl. Strecken Sie beim Einatmen alle Viere von sich, also Hände nach schräg oben, Beine nach schräg unten. Beim Ausatmen lassen Sie Arme und Beine wieder sinken. Üben Sie mindestens fünfmal hintereinander – und Sie werden sich frischer fühlen.

● Sie sitzen im Schneidersitz. Legen Sie die Handflächen aneinander vor Ihr Herz-Chakra, und führen Sie diese beim Einatmen nach oben. Beim Ausatmen öffnen Sie die Hände und führen sie über die Seiten zurück in die Ausgangsposition. Halten Sie inne, und gönnen Sie sich einen Zwischenatemzug. Diese Übung, mindestens dreimal hintereinander ausgeführt, wird Sie friedlicher stimmen.

● Sie liegen in der Rückenlage auf dem Boden. Ihre Arme liegen seitlich neben dem Körper. Nehmen Sie die Oberschenkel an den Bauch. Führen Sie beim Einatmen die Arme über den Kopf nach hinten, und dehnen Sie sich über die Fingerspitzen. Strecken Sie gleichzeitig die Beine aus und die Fersen zur Decke. Legen Sie sich beim Ausatmen wieder zurück in die Ausgangsposition. Diese erfrischende und stärkende Übung sollten Sie mindestens fünfmal wiederholen.

Qi Gong

sind Übungen, die eigentlich »innere Methoden der Kampfkunst« bedeuten. Ihre Frühform waren Bitt-Gebete zu Himmel und Erde. Heute kann man es als Training bestimmter Vorstellungen bezeichnen. *Qi* (oder *Chi*) ist die allumfassende Energie, der Urgrund des Lebens. *Gong* bedeutet feste Übungsregeln, Unterweisungen, die dazu dienen, *Qi* aufzunehmen. Durch *Qi Gong* vermehrt man seine Fähigkeiten, stärkt die Körperkräfte und seine Gesundheit.

Rhythmische Massage

oder andere Formen sanfter Massage helfen uns auf vielfältige Weise. Sie lockern den Körper und damit auch unsere innere Einstellung. Sie verschaffen uns Zugang zu Gefühlen und zu achtsamer Körperwahrnehmung.

Shants

sind einfache Lieder oder gesungene *Mantras* mit meditativem Charakter, die durch ihre Wiederholungen wirken, zum Beispiel *Love is Space* oder *The Essence* von Deva Premal (CD).

Tanzen

kann sehr entspannend wirken, wenn es nicht mit Leistungsdruck verbunden wird. Meditative Tänze werden mit einfachen Schrittfolgen im Kreis getanzt. Sich zu einer ruhigen Musik frei zu bewegen, ist Entspannung pur.

Partner-Tanzkurse frischen eingerostete Beziehungen wieder auf und machen viel Spaß. Schließlich kann das ganze Leben als Tanz gesehen werden. Alles ist Schwingung.

Trager-Körperarbeit

ist eine lockernde, entspannende Behandlungsform. Sie liegen dabei auf einer Liege und werden vom Therapeuten sanft bewegt, was wohltuend und stabilisierend wirkt.

Unterkiefer

Achten Sie einmal auf Ihre Kiefer. Entspannte Kiefer sind die Grundvoraussetzung für müheloses Tun und das Loslassen von Anstrengung und Anspannung. Es ändert sich schon viel, wenn Sie mehrmals täglich Ihre Kiefer entspannen.

Unterbewusstsein
Unser Unterbewusstsein ist eine Kraft- und Weisheitsquelle, die uns mit der Weisheit des Kosmos' verbindet.

Verspannungen
führen zu Schmerzen und Krankheit. Gönnen Sie sich Massagen und gezielte Bewegungsübungen, die helfen, Verspannungen zu vermeiden.

Würde
ist etwas sehr Wesentliches und Kraftspendendes. Würde erfährt man in der Meditation. Eltern und Kinder sind gleich würdig – daraus ergibt sich eine entspannte Haltung im Umgang miteinander.

Xin
Der chinesische Wunderarzt Yan Xin hat Berichten zufolge viele als unheilbar krank geltende Menschen mit Hilfe seiner Energie geheilt. Er praktiziert, wie Millionen Menschen in China, *Qi Gong*. Nachzulesen ist das in dem Buch *Indigo-Schulen. Chinas Trainings-Methoden für mediale begabte Kinder. Burgrain: Koha Verlag 2001* von Paul Dong und Thomas Rafill.

Yin und Yang
Das allbekannte kreisrunde Zeichen verkörpert die Einheit der Gegensätze oder das männliche und weibliche Prinzip. Durch die Ausgewogenheit und Balance ist es das Zeichen für Harmonie und Entspannung schlechthin.

Zukunft
In Zukunft werden Entspannungsmethoden immer größere Bedeutung bekommen. Die Probleme der Welt lassen sich schon lange nicht mehr mit dem Kopf allein lösen. Wir brauchen neue Ideen, Inspiration und Hilfe von oben. Nur in der Stille werden wir Zugang zu diesen Kraftquellen finden und die Zukunft meistern.

Anhang

Literaturempfehlungen

Berckhan, Barbara: Schluss mit der Anstrengung! Ein Reiseführer in die Mühelosigkeit. München: Kösel 2002

Bittlinger, Arnold: Chakren Meditation. Ein Weg zur Selbstwerdung. München: Kösel 1999

Brönnle, Stefan: Der Paradiesgarten. Gärten der Kraft planen und gestalten. Aarau: AT Verlag 2001

Hirschi, Gertrud: Mudras. Yoga mit dem kleinen Finger. Freiburg: Hermann Bauer Verlag 1998

Huibers, Jaap: Hyperaktive Kinder körperlich und seelisch richtig (er)nähren. Braunschweig: Aurum Verlag 2000

Raab, Peter (Hrsg): Meditieren – wie und wo. Ein Führer mit 500 Adressen von Lehrern, Häusern und Zentren. Freiburg: Herder 1995

Simonsohn, Barbara: Hyperaktivität. Warum Ritalin keine Lösung ist. München: Goldmann 2001

Titze, Michael: Die heilende Kraft des Lachens. Mit therapeutischem Humor frühe Beschämungen heilen. München: Kösel 1995

Tolle, Eckhart: Jetzt! Die Kraft der Gegenwart. Ein Leitfaden zum spirituellen Erwachen. Bielefeld: J. Kamphausen Verlag 2001

Zhi-Chang, Li: Setz dich hin und tue nichts. Das Buch der Entspannung. München: Heyne 2002

Zimmer, Renate: Schafft die Stühle ab! Bewegungsspiele für Kinder. Freiburg: Herder 2002

Anhang

Bezugsquellen

Naturfotografien
Sigurd Elert
Edition Pegasos
Weredunstr. 1a
37688 Beverungen-Wehrden
Tel.: 0 52 73 / 65 14
Fax: 0 52 73 / 2 23 14
Ätherische Öle
Primavera life
Am Fichtenholz 5
87477 Sulzberg

Adressen

Internationale Gärten
Calsowstr. 1
37085 Göttingen
Tel.: 05 51 / 4 50 23

Heilkraft von Steinen
Edith Dörre
Grundstein Neukirchen e.V.
Neukirchen 85
24972 Neukirchen-Quern
www.grundstein-neukirchen.de

Müttergenesungswerk
Elly-Heuss-Knapp-Stiftung
Deutsches Müttergenesungswerk
Postfach 1260
90544 Stein
Tel.: 09 11 / 96 71 10
Fax: 09 11 / 67 66 85
E-Mail: Info@muettergenesungswerk.de

Quellennachweis

Zitat Seite 38: *Astrid Lindgren*: Ronja Räubertochter. Hamburg 1982,
S. 16 f. Abdruck mit freundlicher Genehmigung des © Verlag Friedrich
Oetinger, Hamburg.

156

Register

A

Angst . . . . 37 f.
Atem 146
ätherische Öle . . . . . . 82, 104 f.
Auszeiten . . . . 47 f.

B

Badewanne, Flucht in die . . 51
Bauch 146
Baum pflanzen 77
Bedürfnisse aussprechen . . .43
Beten 113
Bewegung . . . . .22 f.
Bilder, Wirkung von . . . . . 70 f.
Buddhas kleines
   Weisungsbuch 58

C

Chakren . . . . .147 f.

D

Dankbarkeit . . . . .44 f.
Demut 149
Düfte, Wirkung von . . . . .82 f.
Dunkelheit, entspannende   51

E

Einstellungen 19
Elly-Heuss-Knapp-Stiftung 52
Energie 149
Entspannungs
   übungen . . . . .42, 99 f.
Ernährung . . . . .25 f.

F

Familienkonferenz 120
Farben, Wirkung von . . . .67 f.
Faulheit 149
Feierabendmassage 104
Freizeitgestaltung 96

G

Gärtnern 116
Gedanken, Kraft der 33
Gefühle aussprechen 43
Gehen 149
Gemeinschaft pflegen . . . .97 f.
Geselligkeit
   mit Kindern . . . . 108 f.
Gesten der Liebe . . . . . . .101 f.

H

Hatha Yoga 149
Haustier 93
Hier und jetzt sein . . . . . . .18 f.
Hobby 96
Humor . . . . .40 f.
Hypnotherapie 34

I

Identifikation 150

J

Ja sagen 150

K

Kinderbetreuung . . . . .47 f.
Kirche 14
Klosteraufenthalt 50
Kraftbaum . . . . .86 f.
Kraftorte, persönliche . . . .14 f.
Krafttier 91
Kundalini Yoga 150

L

Lärm 37, 112
Lebensfreude . . . . .35 f.
Lesen . . . . .63 f.
Literatur, belletristische 64
Loslassen können 38
Lotus 150

Register

M

Mandalas 72
Mantra 150
Märchen 63
Massage-Öl . . . . .104 f.
Meditationen . . .17, 30, 31, 52,
    58 ff., 61 ff., 68 ff., 78 ff., 91
Meditieren . . . . .54 ff.
Mudras 151
Musik 110
Müttergenesungswerk . . .52 f.
Mutter-Kind-Kuren . . . . .52 f.

N

Nahrungsmittelergänzung,
    Bezugsquellen 27
Natur 151
    als Kraftquelle . . . . . . .76 ff.
Notfallprogramm 98

O

Om 151
Ordnung 14

P

Partnermassage 104
Pause 152
Phantasiereisen . . . . .88 ff.
positiv denken 34
Problemhypnose 34

Q

Qi Gong 22, 152
Qi-Gong-Übung 24

R

Räucherstäbchen . . . . .83 f.
rhythmische Massage 153
Rituale . . . . .45, 118 f.
Rückenmassage 105
Ruhe . . . . .112 f.

S

Schreiben 65
Schuldgefühle 37, 40
Schutzraum . . . . .73 f.
    innerer 75

Schutzschild . . . . .73 f.
Selbstbeobachtung 31
Selbstbeurteilung 32
Shants 153
Sport 109
Steine, Wirkung von . . . . .84 f.
Streitschlichter-Ritual 119

T

Tagebuch 36, 66
Tai Qi 22, 53
Tai-Qi-Übung 24
Tanzen 153
Tierpark 14
Tipps zum Weiterlesen   25, 27,
    67, 69, 73, 103, 113, 118, 121
Trager-Körperarbeit 153

U

Unterbewusstsein 154
Unterkiefer 153

V

Verspannungen 154
Videotipp 42

W

Wald 14
Wasser,
    heilende Kraft von . . . .77 f.
Wellness-Hotels 53
Worte der Kraft 46
Würde 154
Wüstentag 50

X

Xin 154

Y

Yin und Yang 154
Yoga 22, 53
Yoga-Übungen . . . . .23 f.

Z

Zimmer, eigenes 15
Zukunft 154
Zuversicht 35

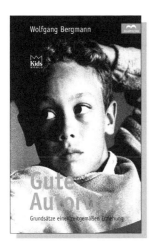

Wolfgang Bergmann
Gute Autorität
Grundsätze einer zeitgemäßen Erziehung

Autoritär erzogene Kinder sind glückliche Kinder. In der aktuellen Diskussion über die Grundlagen moderner Erziehung vertritt der renommierte Kinderpsychologe Wolfgang Bergmann diesen Standpunkt mit allem Nachdruck. Dabei legt Bergmann dem Begriff Autorität eine völlig neue Bedeutung bei, indem er autoritäre Eltern als liebevoll, verlässlich und entschlossen definiert, als Eltern, die ihre Kinder nicht zu kleinen Tyrannen werden lassen, sondern aktiv zu sozialen, einfühlsamen und selbstbewussten Persönlichkeiten erziehen.
ISBN 3-89530-092-6, 216 S., s/w

Gisela Preuschoff
Rona Mohr
Störenfriede, Nervensägen Quälgeister
Sieben Weisheiten im Umgang mit schwierigen Kindern

Die Befunde sind alarmierend: immer mehr Kinder zeigen Verhaltensstörungen, sind aggressiv und zappelig. Anhand zahlreicher Beispiele legen die Autorinnen die Schwierigkeiten im Umgang mit hyperaktiven und aggressiven Kindern dar. Ihre Diagnose: oftmals ist die Ursache für Hyperaktivität und Aggressivität auf das Verhalten von Eltern zurückzuführen, die zu wenig Zeit mit ihren Kindern verbringen.

Mit mehr als 30 Übungen, Meditationen und Spielen gibt dieser Ratgeber Erziehenden wertvolle Hilfestellungen zur Bewältigung des Alltags mit Problemkindern an die Hand.
ISBN 3-89530-094-2, 200 S., s/w

Stevanne Auerbach
SQ Spielerische Intelligenz
Mit welchem Spielzeug Kinder in welchem Alter am besten spielen – und welches sie am meisten fördert

SQ lädt Eltern zu einer »Spielreise« mit ihren Kindern ein, welche sie in ihre eigene Kindheit zurückführt und Erinnerungen an den lang vergessenen Lieblingsteddy weckt. Die Weitergabe der eigenen Spielerfahrung, ergänzt durch Auerbachs Spielideen, bringt eine völlig neue, innige Eltern-Kind-Beziehung hervor, die nicht nur eine schnellere Entwicklung des Kindes fördert, sondern auch das Verständnis der Eltern für den Entwicklungsprozess ihres Sprösslings öffnet.
ISBN 3-89530-066-7, 232 S., 2-farbig

Jane Katch
Peng! Du bist tot!
Kinder und die Gewalt in den Medien

Eltern und Erziehende beobachten besorgt die Faszination, die Gewalt auf die heutigen Kinder ausübt. Gewaltdarstellungen werden scheinbar regungslos konsumiert, sei es in Videospielen und Kinofilmen oder in Comic-Folgen im Fernsehen, sei es auf finsteren Websites im Internet oder auch in Form der alltäglichen Schreckensmeldungen auf allen Nachrichtenkanälen. Dieses Buch sucht nach Antworten jenseits lautstarker Medienschelte und publikumswirksamen Forderungen nach Verboten und Gesetzesverschärfungen. Die Autorin spürt hoch interessanten, aber auch widersprüchlichen Erklärungen nach, wobei sie zu ergründen sucht, was in den Herzen und Seelen der ihr anvertrauten Kinder wirklich vor sich geht.
ISBN 3-89530-084-5, 200 S., s/w